U0048206

喬志先生
愛情處方箋

療 情 傷 ， 痛 得 要 命 ， 但 總 是 會 好

前 言

一本書最容易被忽略的就是前言，所以我很不喜歡寫前言，出版社卻很堅持要我乖乖的把前言寫完，第一本是，這一本也是。

一開始我很抗拒，我是說，一本自己的書，應該就要有自己的想法，還有自己應該努力爭取，決定這本書最後在所有的讀者面前呈現的樣子。如果我覺得我的書不需要前言，那麼任何人都不能影響我的決定，因為前言對我來說，就好像是在告訴讀者們，要先看過前言才能進入某一種狀態裡，然後再看正文的時候才看得懂內容。

我反對，
我認為如果你的文字夠力量，內容夠豐富，邏輯夠清楚，那麼讀者自然會被內容深深吸附著，而不是靠著前言來設定大家進入一種閱讀模式。

在出上一本書前，去了一趟香港，見到了小時候教導我對

文字尊重的叔叔，在他面前，我自然是興奮的告訴他我對自己的書多有想法與抱負，包括了我不想跟大家一樣寫前言後記這件事。

叔叔看著我滔滔不絕的說完，放下了嘴裡叼著的菸斗說：「寫吧！寫前言後記這件事，不是在於你的想法多新鮮多跟別的作者不同。」

「那是什麼？」我問。

叔叔接著說：「前言，是作者在開始揮灑所有想法之前，讓自己隨著自己寫的文字，一點一點的把心沉澱下來，然後才進入寫作的殿堂；後記，是作者在經過這本書漫長的寫作期之後，可以跟讀者一起喘口氣的小小空間，就像是屏氣凝神的看完了兩個小時的電影，亮燈剎那大家突然放鬆的那種感覺。所以，寫前言後記不是要幫讀者設定閱讀情緒，而是做為一個作家的身分，對寫作還有讀者負責任的表現。」

他接著說：「你不是常常告訴人家，在愛情裡，要把自己的那一份功課做好，就算分手了也不會有遺憾，對吧？那麼，你也應該把作者的那一份功課做好，對吧？」

叔叔的一席話，讓我對作者的身分腳踏實地，讓我除了《愛情診斷室》之後，還能出產──《愛情處方箋》。

目錄

她有男友但說最愛是你，為了她你還要偷偷連絡，這不是愛，只不過是段被操弄的感情罷了

不要任性地說「想忘記當初愛得死去活來的那個人」這種事

給孩子滿滿的愛，比給他一個新的成員，重要的太多

女生戀習題

戀愛處方箋

處方箋 (01)

告白恐懼症

如果，連告白被拒絕的囧，都無法面對，

請，繼續孤獨吧。

告白是衝勁，不是衝進

病歷號：	科別：	性別：
NO.01	告白恐懼症	女性

問診紀錄

喜歡了就要去告白嗎？[抓狂]

告白了人家就要跟妳在一起嗎？[抓頭]

▦ 一日＿＿ 包　　◖▨ 一日＿＿ 顆　　◎ 一日＿＿ 錠

8

當我們有很想得到的東西時，我們會努力用各種方法得到，努力的過程很珍貴，也很重要，能夠維持自己努力的原動力，是衝勁。

很多人對「告白」有很大的迷思，認為告白是決定一段感情成立的最大關鍵，好像是「我告白了，對方就一定會跟我交往」這種心態，才導致完全不能接受被拒絕的結果。

好笑了，告白只是「提醒」對方妳也喜歡他，或是「警告」對妳沒意思的人，應該要婉拒妳的情感。並不是去遊樂園門口，買了票就一定可以進去暢玩的意思，遊樂園對於誰可以入園，也能保有最後決定權的吧？

通常只要想告白的人，都會有一樣的顧慮，就是**告白不成，會因為尷尬而連朋友都不用做了**怎麼辦？其實把兩個人拆開，就很清楚了，告白失敗，代表沒有成功，也就是被打槍了。

一個，是被告白的那個人，他只是很誠實，並且直接的表達出他真正的想法，也就是**他不需要這段感情**，誠實的說不，難道有錯嗎？

再來看另一個，是發動告白的人，抱著滿腔熱情，希望對方可以擁有相同的回應，結果對方並沒有這麼想，只是把妳當成單純的朋友，妳失望自己的期待落空，妳彆扭自己是表錯情、示錯愛，妳惱羞為什麼對方如此不解風情，所以尷尬，所以做不成朋友。

請問，所有負面情緒是從誰那邊來的？被告白的人，好像只是說「不」吧？**難堪，都是自己給自己的啊**！

至於妳說「喜歡就要去告白嗎？」
錯，喜歡以後就要試著**相處**，看到喜歡就告白，不過是想衝進別人的身體而已，不是心裡。

病歷號：	科別：	性別：
NO.02	告白恐懼症	女性

問 診 紀 錄

Age 25

我是女生，今年 25 歲。

我喜歡了一個男生，我們每天都會 whatsapp 聯絡，總是有説不完的話，他都會告訴我他每天的事情，他也很關心我，但我們從來沒説曖昧的話，我想告訴他我喜歡他，但是我怕説了我就失去了這個朋友。你覺得我應該告白嗎？

告白，有一半機率得到愛情，不告白，就什麼都沒有了。

告白之後不把妳當朋友？那這種人也不值得當朋友了。

▨ 一日＿ 包　◖▨〕一日＿ 顆　◎ 一日＿ 錠

跟喜歡的人相處，

每天如果至少可以見面 3 小時，每個星期可以見面 3 天，

持續這個頻率 3 個月

（別覺得容易，有些人 3 秒都相處不下去），

在這個「3 小時 3 天 3 個月」的相處週期中，

兩個人都會對彼此釋放出許多訊息，

這些訊息包括**好感、壞感、安全感**，

會累積出專屬於兩個人獨特的默契，

也是判斷能不能進一步交往最重要的線索。

如果 3 個月後，你們還是樂此不疲，毫無衰退，

那麼你們「或許」可以成為一對不錯的情侶，

因為這代表你們「相處」沒有什麼問題，

但是起碼相處得好，當然就往「相愛」前進一點，

少了這個 333 做基礎，**匆忙建築起來的愛就脆弱易倒。**

現代人太忙太寂寞，愛情已經速食不負責任到

用軟體告白，用視訊交往，用打字分手。

的確，面對愛情，誰都是怯生生的，

但是，不面對面，

並且把感情基礎誤認在通訊、交友軟體上，

當文字塑造出來的愛情跟現實有落差的時候，

不但難以接受，無力解決，還很容易造成情緒崩潰。

有許多人在通訊軟體裡，說話會變得大膽，

現在，妳的進度就是只有通訊軟體，

但是卻連曖昧的話都沒有說，

如果連躲在鍵盤後，妳都沒有感覺到曖昧的氣氛，

那，告白的衝動是從哪裡來的？

妳又說，怕告白尷尬當不成朋友？

那是因為妳就不只想跟人家當朋友啊！

如果，連告白被拒絕的囧，都無法面對，

請，繼續孤獨吧。

> 說真的，如果一段感情需要告白才能開始，
>
> 代表有一方根本沒準備好。

處方箋

過不去的過去

在愛情裡，花時間計較過去，
就是跟自己過不去。

全新，未拆，真空密封男朋友

病歷號：		科別：		性別：
NO.03		過不去的過去		**女性**

問 診 紀 錄

Age 24

我 24 歲，第一次戀愛，得知男朋友與前面的女友都發生過關係，心裡始終覺得有個疙瘩，該怎麼辦啊？

那妳去產房門口等，
保證全新。

🔲 一日 ___ 包　🔵 一日 ___ 顆　◯ 一日 ___ 錠

買東西的時候一定會問店員：「不好意思，請問這個還有新的嗎？」每個消費者都希望自己花錢到手的貨品，是沒有任何人動過的，要動，也是老子自己動。

但是談戀愛的時候，每個人對另一半在意的點都不同，有人希望另一半只談過一次戀愛，因為戀愛是件麻煩的事，如果能一輩子只麻煩一次最好。

有人不希望另一半只談過一次戀愛，因為戀愛經驗少的人，常常會占有慾太強，管束約束太多。

有人喜歡戀愛經驗豐富的另一半，因為每一段感情，都是趨向成為愛情完全體的最好教材。

有人則不喜歡身體經驗豐富的另一半，因為妳覺得髒，覺得噁，覺得不是全新未拆封，覺得有別人跟妳一樣，碰過他的身體，看過他充血的下體，聽過他失去理智的喘息。

我知道，妳一定想說：「好不容易碰到一個老娘喜歡的，結果卻是別人用過的，為什麼？」

如果妳會這樣想這樣在意，代表妳一定也想過以後跟他有性關係，不然，如果妳不想用他的身體，妳在意什麼？

既然妳可以對他有性方面的想法，卻希望他以前的女友不可以有，這沒有道理吧？

我記得，我們的出生證明上面並沒有寫說：「某年某月某一天，妳會碰到一個男生，他就是妳以後的對象」吧？

所以我們才會在感情裡碰撞、尋覓，一直到對的人出現。

在那之前就請隨著心、順著意、遵守道德，不違反善良社會風俗，認真的經營每段感情吧？

也許妳也要誠實問問自己心裡，妳的疙瘩是來自什麼？

是「不能接受他是我第一任男友，但我並不是他第一任」、

或是「不能接受他有交過女友」、

還是像妳說的「不能接受他跟別人發生過關係」？

如果是其中一項，那麼妳最好確定現在這個男友會娶妳，

因為如果你們發生關係，但是後來還是分手了，妳就會變成他下一個女朋友的疙瘩了，對吧？

全新有全新的可貴，二手有二手的價值，

只要是真愛，就該試著寬容。

病歷號：	科別：	性別：
NO.04	過不去的過去	女性

問 診 紀 錄

Age 22

喬志哥，我 22 歲，我的第一次是給男友，但他的第一次是跟他前女友。

他的前女友我也認識，是我大學的同學，那女生唸了一個月就轉學了，所以我跟她一點都不熟。

他之前有跟我分享過他的性經驗，他還曾經想要我吃藥，然後他不用保險套，他說他女朋友都這樣。然後我每次跟他睡，就會想起他跟女朋友躺在同一張床上，我越想越就越覺得不能接受，我覺得很噁心，甚至有時候會想提分手。

但為了一個舊人分手又好像很白痴，但我真的很介意，我該怎麼辦？謝謝你！

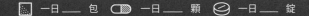

🔲 一日 ＿ 包　🔵 一日 ＿ 顆　⊘ 一日 ＿ 錠

我們在面對感情的時候，常常會裝聾作啞失智眼瞎，現在如果想取得一個人的風評或是背景，說實在的，太容易了。但是往往我們眼睜睜的看著白紙黑字的證據，心底卻響起一片為他辯解的聲浪：不是吧？不會吧？不可能吧？他不是這種人吧？誤會吧？陷害吧？一定有難言之隱啦！

當自己為愛辯護的機制啟動，就很難關上了，除了說服自己，還會嘗試說服身邊其他人，讓他曾經、或是正在犯的錯誤合理化，而且誰勸，都聽不進去。

「電影再難看，也要自己看看有多難看。」就是這種心態，**人再爛，碰了痛了才甘願。**

這個男生妳認識，這個男生的前女友妳也認識，他們交往的時候妳也知道，他們分手了，妳也覺得沒差就跟他在一起。雖然我不知道妳當初是不是像吃排隊美食一樣，有一種「下一個就輪到我」的心情，可是，儘管排隊的人都互不相識，但美食攤子賣的東西卻是始終不變的啊？

也就是說，妳跟他的前女友，都愛上同一道菜，也許生活上加點酸甜苦辣，但是這個男生「本質」不會改變，他喜

歡不戴套叫妳吃藥，他喜歡分享性經驗，他說他以前就這樣，妳如果不喜歡、覺得有反感就要說出來啊！更別提事後藥有多傷身體了！

如果，妳愛上的是這個男人的本質，那很好，但是，如果妳愛上了這個男人，又嫌他本質不好，那，勉強自己留下來的理由又是什麼？

妳說妳想到他前女友跟他在同一張床上就噁心，那，記憶不能抹去，不如去床的世界，換張新床，看心裡會不會舒服些？

處方箋 ⓸

在愛情裡，花時間計較過去，
就是跟自己過不去。

跟過去過不去除了沒有意義之外，
還很容易讓自己變成對方的過去。

處方箋 ⓞ3

矮化愛情症候群

如果在愛情面前看扁自己，
愛情就會看不起你。

病歷號：	科別：	性別：
NO.05	矮化愛情症候群	女性

問診紀錄

Age 23

我今年 23 歲，和男友交往一年。

從以前就覺得和男友的家庭、朋友格格不入，原因是他們都屬於能言善道、會穿衣打扮的人，而我是比較內向、樸素的人。男友的前女友也屬於他們那一派，很漂亮，很會說話。

我覺得除了男友之外，我無法融入他世界任一角，雖然他說大家很喜歡我，但是每每一起聚餐，我都像外來者，話大多搭不上，在那樣的場合也變得沒自信。男友的前女友會送衣服、香水之類的，而我今年送了他發熱衣，讓我更感受到自己的格格不入。

我覺得自己比不上他前女友，一直努力卻也無法成為他們世界的人，但是我很愛男友，我不希望別人覺得他眼光變差了，請問我到底該如何做呢？

🔲 一日＿＿ 包　💊 一日＿＿ 顆　⊖ 一日＿＿ 錠

問 診 紀 錄

他還是很愛妳對嗎？

Age 23

是的，喬志先生。

那妳有的是誰都比不上的。

Age 23

謝謝喬志先生，好重要的一句話。

🔲 一日＿ 包 ▭ 一日＿ 顆 ⊖ 一日＿ 錠

當我們遇到愛情時，不論狀況好不好，

都會對自己產生一點自卑。感情順利時，

妳會想：「我沒有這麼好，可以擁有這麼美好的愛情吧？」

當感情不順利時，妳也會想：「一定是我不好，把原本這

麼美好的感情搞砸了！」

這並不是悲觀主義沒事跟自己過不去，

也不是被害妄想症，

有這種想法其實很好，

因為它可以在任何感情狀態中時時提醒我們，

擁有愛的時候珍惜，失去愛了之後自省。

但是不能讓這個部分的情緒放大太多，

大到蓋過原本就應得的愛，

過分擔心、過度自卑，只會變成沒有自信的養分。

養大了愛情中的沒有自信，

交往過程就會出現焦慮、煩躁、多疑、患得患失，

最後就像癌症一樣，

連原本在愛情中早就培養的基本默契，

也要被吞噬掉。

很多人說「在愛情裡自己是個沒有自信的人」大概都是這

樣來的。

我們試著讓自己變好，試著不犯錯，
試著在愛情裡做一個討喜的人，
然後在愛情之外做一個討對方家人朋友歡喜的人，
這些，是在愛情裡本來就要做的事，
而不是一直在意那些自己本來就不具備的特質。

妳的男友愛妳，他的家人也喜歡妳，
穩坐在女友寶座上的，不是別人，是妳。

不用在乎別人覺得妳男友眼光變差，
因為妳男友看妳的眼光，早就解釋一切。

病歷號：	科別：	性別：
NO.06	矮化愛情症候群	**女性**

問 診 紀 錄

Age 37

我 37 歲，有個 小我 6 歲的對象，他 並不是我的菜，但是他對我很用心，也很照顧，後來我也慢慢動心。

不過我一直無法跟他走到結婚這一步，因為在別人眼裡，我們不太登對，我一直很care 這一點，可是跟他又切不斷，我很矛盾，不知道該怎麼做才好，喬志能給我建議嗎？謝謝你！

▦ 一日 ＿＿ 包　⬭ 一日 ＿＿ 顆　⊖ 一日 ＿＿ 錠

以前常聽說：追愛，要有耐心。

身邊一定也有很多情侶的故事是

一開始沒有這麼喜歡，後來才發現愛得無法自拔。

這代表了：

第一，我們的確很容易以貌取人。

第二，相處久了，才看得見真正的對方。

所以，

很多人到後來發現自己是跟臉在談戀愛，

實際上根本不了解臉後面的那個人，

如果願意面對這個感覺，再次按下感情里程表，

讓一切歸零，從頭開始重新感受對方，

也許還可以挽救，再相處看看。

但是多數的人發現自己當初的愛只是這麼表面的時候，

大部分會選擇逃避、拖延、

甚至放棄修正自己的看法，

那這段感情就沒有什麼好結果了。

所以，如果可以先從相處開始，先認識臉後面的那個人，

用心，而不是用視覺去感受對方，

到後來，長相就不再這麼重要了，

因為心對了，人自然就好看了。

妳一開始否決了他的外型，這是一件好事，

後來慢慢地接受他的用心、照顧，

最後轉而對他動心，

這點也是正確無誤，

但是接下來，妳沒有辦法想像與他走上紅毯，

卻是因為在乎別人的眼光，

因為你們外型並不登對，

我倒覺得可惜。

好不容易在妳心中已經慢慢被接受的那張臉，

好不容易克服了自己的視覺，心也慢慢貼近，

結果別人只是看了一眼，

他的一切努力就變成了灰燼，

這個想法，真的頓時讓妳認為的感情變得一點價值都沒

有。

其實，妳大可以擺明了說，

妳就是這樣的一個在意外表跟眼光的人，

但是矛盾的是，

妳現在卻說切不斷放不下，

嫌老闆煮的麵難吃，

卻一碗接一碗吸哩呼嚕沒停下來的吃。

這不是利用他吃霸王餐，是什麼？

處方箋 ③

如果在愛情面前看扁自己，
愛情就會看不起你。

做好自己，迎接愛情。

處方箋 ④

前提無效

以結婚為前提交往？
愛用完了就剩相處，找個能相處的人，
比找什麼為前提都重要。

結婚的前提是「沒有遲疑」

病歷號：	科別：	性別：
NO.07	前提無效	女性

問診紀錄

喬志先生您好，一個 40 歲的男人，曾坦言說出因父母之命而想結婚，吵架完又會告訴女方，妳的個性這樣我看不要結好了。但平時又待女方極好，這樣的男人到底什麼想法？到底女方該不該跟他結婚？（雙方年齡有差距）

▨ 一日＿ 包　◑ 一日＿ 顆　⊘ 一日＿ 錠

當一個男人願意在妳面前提出結婚的想法，這是多麼令人開心的事。但是結婚的理由如果不是出於自願，那妳得好好考慮清楚。

「我父母在催了，所以我們結婚吧！」

這句話聽起來孝順又合理，不是嗎？

但是也許這句話背後的台詞可能是：

「反正我父母在催了，剛好我也想結婚。」

這樣聽起來也還算得上差強人意，就怕他心裡想說的是：

「如果不是我父母在催，我才不想結婚。」

這時候妳一定想問：那我怎麼知道他心裡是哪一種？

簡單，看吵架時的態度就知道了。

如果妳是他充滿興奮期待想娶回家的女孩，在妳說「我願意」之前，他應該更加照顧妳的情緒跟感覺，我是說，他終於有機會可以娶到夢寐以求的女孩，卻在娶到這個女孩前連吵架都不願意讓步，這是什麼道理？

現在，這個男人只要吵架就會說出：「妳這種個性還是不要結婚好了。」

聽起來不尊重又充滿威脅，似乎是他給妳這個機會結婚這樣。

妳也有說「他平常對妳極好」？我都不知道好還可以分「平常、不常、常常」？誰平常的時候不是好好的？

如果連平常都不好了，吵架的時候會好才有鬼。

而且，觀察一個男人，就是要看他在吵架情緒不好的時候，願意對身邊另一半展現多少 EQ。現在表現都已經這樣，那結婚以後呢？至於要不要結婚？我不能替妳決定，但是我知道，結婚不可以有「遲疑」。

如果沒有遲疑，妳又怎麼會問我該不該結婚呢？

病歷號：	科別：	性別：
NO.08	前提無效	**女性**

問診紀錄

Age 26

喬志哥你好，我今年 26 歲，和男友交往 3 年，在最近這一年，才有比較多的時間待在他家，但我發現他家人的生活習慣「極差」，而且極度浪費！我真的很看不下去，昨天因為這個問題和我男友大吵一架！突然發現，我們的生活習慣會不會根本不適合！我們有談過結婚的事，但我現在想想，如果一輩子，都是你丟我撿，再多的愛也無法包容！但我現在真的很愛他，可是又好怕如果真的嫁給他，我要一輩子做他們家的傭人嗎？

🔲 一日＿＿ 包　💊 一日＿＿ 顆　🔘 一日＿＿ 錠

「到底是跟一個人結婚，還是跟一家人結婚？」

這問題看起來像是愛情版的「雞生蛋？還是蛋生雞？」

但其實沒這麼難。

妳愛的，是妳男友，妳男友是從這個家庭孕育出來的，他就像是這個大家庭的縮影，好的壞的簡單的複雜的成分，他都會吸收到，妳會這麼愛他，這份愛不也就投射回他的家庭？

如果妳看到他那些可愛的部分，覺得一定是他自己個性很好，但是壞的部分，卻要怪給他的家庭，那代表妳並沒有完全接受他啊？

現在，妳像是在寫顧客滿意度調查問卷一樣，在「他家人的生活習慣」勾了「極差」，並且還跟他大吵一架。如果他手上也有一張對妳的滿意度調查問卷，我相信目前為止應該也不會有什麼好評出現，妳跟他在一起一年、兩年、現在三年了，才「突然」發現生活習慣根本不合？

其實這三年中間一定有許多線索擺在眼前，不能只是因為你們以為有了共同目標——結婚，就必須瞎了眼過日子，

而且刻意迴避根本不能接受的事情吧？

請用心愛另一半，並且尊重彼此的家人，**就算不喜歡，不認同，也要想辦法學習如何相處**，並且趁機看看另一半的態度是如何。如果對方很積極處理雙方的尷尬，那可喜可賀，但是如果對方一副漠不關心、理所當然的樣子，以後進入婚姻是什麼樣，就不難想像了吧！

婚姻不是滷味攤，不能只挑自己想吃的吃。

病歷號：	科別：	性別：
NO.09	前提無效	**女性**

問 診 紀 錄

Age 32

我 32 歲，結婚 7 年，從結婚到現在，只要與老公談論到性以外的事情，就一定會有爭執，Ex：孩子教育、金錢使用、雙方長輩、兄弟……等等。

每次都意見不合，無法溝通，從以前很氣很氣，到現在會試著慢慢找先生談，都無效果，先生依舊老樣子。

他也知道這個問題存在，但卻不知該如何改善……很困擾、很痛苦、很難過，我很愛他，也希望能跟先生白頭偕老，不希望跟先生的關係只剩下性……，懇請喬志大哥指點迷津，感恩不盡。

▨ 一日＿ 包 ⬭ 一日＿ 顆 ⬯ 一日＿ 錠

有些人的婚姻充滿了愛，但是完全沒有性；有些人的婚姻充滿了愛與性，卻始終沒有後代；有些人的婚姻沒有性也沒有愛，夫妻各玩各的；還有就是這種，只有性，卻不怎麼愛。我不知道當初婚前交往時期，你們的相處模式是什麼，但是很明顯的，當時的「性」應該很快樂的。那為什麼 7 年之後，你們雖然還是有性，但是它再也不像當年那樣的讓妳感到愉悅？反而變成困擾、痛苦、難過？

很簡單，在這 7 年中，妳漸漸地開始面對人生中必要的成長，舉凡孩子教育、金錢觀念、長輩朋友相處等等，都必須要兩個人一起面對才能有共識。兩個人在婚姻裡面學習一起成長，是一段婚姻中再重要不過的事了，但，很明顯，現在成長的人只有妳，先生似乎仍然停留在 7 年前談戀愛那種，只有吃飽睡飽做到飽的簡單日子裡。

所以，當妳想跟丈夫一起面對生活，丈夫卻只想面對妳的身體的時候，婚姻自然就不愉快了。不過有兩件事我認為也不是壞事：第一，先生看來還是個大孩子。第二，先生對妳的需要從未減弱，對大部分的夫妻來講根本就是奇蹟。尤其是最後那句「不希望跟先生的關係只剩下性…」說出去不知羨慕死多少人了！

比「以結婚為前提」更重要的是想清楚「在什麼前提下結婚」。

處方籤 ⑭

以結婚為前提交往？
愛用完了就剩相處，找個能相處的人，
比找什麼為前提都重要。

「以結婚為前提交往」
是說給朋友長輩開心放心的而已。不然誰會說：
「以打炮為前提交往？」

處方箋 ⑤

不能，比較愛

如果愛情是選擇題，
答案應該是以上皆非。

病歷號：	科別：	性別：
NO.10	不能，比較愛	女性

問 診 紀 錄

Age 27

你好，我 27 歲。

我有一個問題想要請問你，實在是困擾了我很久，我一直找不到答案。

我在有男朋友的時候遇見了另一個他，後來他也成為我現在的男朋友，為了不讓他們起疑心，當時我對兩個都說謊了。

但後來我決定都誠實，兩個人都對我很好，也都願意原諒我都想跟我繼續交往，我不知道該怎麼做選擇，這是因為我不夠喜歡他們才會這麼猶豫嗎？

我無法下定決心，讓我感覺心很沉重。

▨ 一日＿＿ 包　 ◖▨ 一日＿＿ 顆　 ⊘ 一日＿＿ 錠

感情世界五花八門，但是始終離不開一個原則，就是**兩個人**。任何超越了兩個人的愛情，或是試圖挑戰超越兩個人，在一段感情裡面加入過多角色，就是自找麻煩。

理由很簡單，就是光是兩個人在一起，遇到的麻煩事就已經夠多了，更何況是三個人？當妳有了一個男友，在交往過程中就應該做交往中應該做好的事，那就是**對感情的忠誠**。顯然，另一個男人的出現讓妳放棄，違背了忠誠，動搖了的心，使得妳不得不解決現況，奔向另一個男人。

但是妳卻沒有勇氣面對，先結束當下的感情，甚至連面對自己貪心這個勇氣都沒有，於是，妳選擇了說謊。

當妳在感情裡說出第一個謊話，接下來要說多少個謊來合理自己，我想我就不用多講了吧？

接下來，妳開始有點受不了謊言的日子，於是妳想要誠實的面對一切，只不過，妳的誠實並沒有讓妳脫離這個三人行的窘境，這下可好，兩個男的都不走了！他們明明知道對方的存在，卻沒有人願意離開，妳也只能眼睜睜看著他們，像是血腥引來的豺狼一般，分食著妳的愛情，就這樣，

妳遲早有一天會被他們的搶食，弄到心力交瘁。

當初，妳可以選擇只傷一個人的心，保留住其中一份愛情，
也可以選擇讓兩個人傷心，起碼還可以保持完整的自己。

現在，因為妳的貪心，妳還想掙扎選擇？
那麼，就帶著妳的貪心，繼續面對豺狼們吧？

病歷號：	科別：	性別：
NO.11	不能，比較愛	女性

問 診 紀 錄

你好，張兆志先生，有個很幼稚的感情問題要問您～（希望您別取笑我）

我男友外在條件很差，追我之前說家裡有很多房地產，爸爸也有房子在信義區，然後家裡有好幾台雙 B 名車，結果我就相信了！

我好傻好天真以為跟他在一起就可以住信義區，坐米漿，但是！但是！後來發現他現在住的是租來的小套房（一個月 8000 元），然後車子是媽媽的國產車……

結果現在一直洗腦我說～～他要換車了！他要換車了！

我是不應該這麼虛榮這麼傻，但是睡都睡了，我也付出身體了……我擔心如果我就這樣離開他，結果他換雙 B 了，那我不是虧大了嗎？

所以我想請問你，你覺得他真的會換車嗎？你覺得我還要繼續跟他賭嗎？謝謝你的指教～～

▦ 一日___ 包　⬭ 一日___ 顆　⊖ 一日___ 錠

詐騙的意思，就是說，

原來根本什麼都沒有，

卻可以騙到什麼都有。

以前，

聽說騙子都會刻意把自己打扮成對方想看到的樣子，

被騙的人就會因為信任眼前看到的假象，說服自己，

一旦信任起騙子，

他不管說什麼要什麼，都手到擒來，

當身邊有人提醒，被騙的人還會幫騙子說話，

因為某種程度上，受害者並不希望面對被騙的事實，

騙子也會利用這個心態，得寸進尺。

我們常常因為「相信」吃了不少虧，

在感情上的騙子，

也是用一樣的方法，沒有什麼絕招。

一個外在條件差的人，

原本在妳的感情標準裡是不合格的，

但是為什麼可以有機會得到妳的青睞，

信任、交往、付出身體？

因為，妳的貪心。

妳希望自己的另一半條件優渥，一擲千金，

也希望自己可以隨著有錢的另一半飛上枝頭，

想想，到時候身邊的閨蜜會多羨慕？

房產、名車、有錢的父親，

這些奢侈的條件終於讓妳遇到了，

於是，因為這些條件，妳交出了信任、身體、還有自己。

正當想像著富裕滿足的未來時，

現實卻狠狠地打了妳一巴掌，

他，只是個住 8000 月租套房，開著媽媽的國產車的男人，

也許他真的像他說的身家雄厚，

也許他想要低調而刻意平凡，

也許「以後」他會富賈一方，

但是「現在」就只有這個程度。

我是不知道他到底是說了什麼、做了什麼，

可以讓妳在「交往」的過程中完全不知道他開的車、

住的房長什麼模樣，

更離譜的是，在完全不了解的狀況下，

卻可以跟他睡了？

原來，現在的愛情騙子，
連租一台超跑出來騙都不用，
只要用說的妳就腦高潮了，
我就真的不懂，是他真的太會騙，
還是妳有虛榮成這樣？

只看條件，就付出，
換來的不是愛，我們俗稱「交易」。

病歷號：	科別：	性別：
NO.12	不能，比較愛	**女性**

問 診 紀 錄

Age 32

喬志好～我 32 歲，離婚，兩個小孩。
現與 A 男交往同居 2 年多，但他仍無法對自己朋友公開我有孩子的事，經濟及瑣事也毫無幫助，感覺只像是我多養了一個孩子；B 男 45 歲，一切穩定，生活上幫助很大，也較成熟，對 2 個孩子，更是可以照顧，無畏懼任何眼光，對我很好，我該離開 A 男嗎？他給不了我未來，B 男雖年紀大，但已經等我 2 年了。

一個是沒有辦法給妳未來，他很糟；一個是只看到人家有能力，妳很糟；這兩年妳根本就是同時在比較兩個男人，更糟。
真的是為了孩子好？妳恐怕沒有認清楚單親，應該面對的犧牲與責任。謝謝。

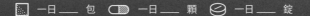

🔲 一日＿＿ 包　◖▨ 一日＿＿ 顆　◯ 一日＿＿ 錠

大自然，是個弱肉強食的野蠻環境，以動物原始的本能來說，為了得到比較有保障的生活品質、棲息地域的安全感，為了繁殖下一代，雌性本來就會跟形勢比較強的雄性在一起，而其他能力較差的雄性，只能等著被雄性領袖逐出地盤，黯然離開。

這樣的畫面如果出現在動物頻道，大家會感嘆動物天性適者生存，不適者淘汰，可是當這樣的畫面發生在你我他的身邊，恐怕這個「雌性動物」很難得到什麼好聽的評價。

離婚，並不是錯，能讓兩個孩子跟在身邊，更是幸福，但是妳沒有注意跟孩子的幸福，卻把這兩年的時光消費在一個看不見未來、看不起妳兩個孩子的男人身上。

同時，妳又遇到了另一個男人，穩定、成熟、喜愛妳的孩子，妳一邊跟沒有未來的男人住在一起，一邊卻接受成熟男人的「生活幫助」，口口聲聲把孩子跟未來掛在嘴邊的妳，感覺多麼的無奈？妳現在的苦惱是，不知道應該選擇沒有未來的現任？還是苦惱應該選擇甘願等了妳 2 年的成熟大叔？

我比較苦惱的是，在這個妳必須做選擇的感情處境裡，妳的孩子，卻沒有選擇。

影響他們價值觀、決定他們未來的，不是妳男友，也不是多金大叔，是妳。妳到底是真的為了孩子的未來選擇，還是選擇妳想要的未來？

是因為有孩子，妳選擇男人才變得現實，還是因為認清楚有孩子，明白他們的未來才是優先這個事實？

處方箋 ⑤

如果愛情是選擇題，
答案應該是以上皆非。

經過比較選擇出來的，

不是愛，是條件。

處方箋 ⑥

系統最低需求

愛情的低標是有能力把你留在他身邊，
或是有能力把自己留在你身邊。

病歷號：		科別：		性別：
NO.13		系統最低需求		女性

問 診 紀 錄

Age 23

我是 23 歲女生，有一份穩定的工作。

目前我跟青梅竹馬交往已有 5 個月，但在交往前，我們將近 10 年未聯繫，所以我們對彼此的這 10 年記憶是空白的。家長很反對我們的交往，但我很確定我要的是什麼，所以我很堅持我的答案。但我漸漸發現他沒什麼抱負，工作也不穩定，常常遇到問題就逃避，我拉著他跑拉得好累……

我也將近適婚年齡了，我想放棄，但我的心就是不受控制，我很猶豫我到底是要選擇麵包還是選擇愛情！

我不必他養，但我也希望他別當個吃軟飯的男人，我該放棄嗎？

▦ 一日＿ 包　 ▣ 一日＿ 顆　 ⊖ 一日＿ 錠

遇上 10 年沒見面的青梅竹馬，對妳來說他是什麼？答案是「陌生人」。對不起，很現實，他對妳來說就是個陌生人。因為這 10 年來，你們的人生各自有著不同際遇，每一次的開心、難過、錯誤、反省，都會一點一點，把你們從 13 歲那年的彼此，反方向再推遠一點。

直到 10 年後的再次相遇，你們早就不能，也不應該再用 13 歲那年的記憶，繼續寫下將來的故事，而是應該要像是跟一個陌生人剛認識那樣，重新認識，重新相處。

現在的妳工作穩定，但是他卻對未來沒有想法抱負，妳對人生積極、對婚姻渴望，相形之下的他，卻連談論工作都閃閃躲躲？出現這麼明顯的差異，妳怎麼可能沒看見？

妳的問題其實很簡單，跟「愛情還是麵包」一點關係也沒有，而是現在的妳，竟然可以因為他失去判斷的能力之外，還只要求另一半別吃妳軟飯就好，那我想請問，一個工作不穩定、對未來毫無建樹的陌生男人，可以追到妳的機會多大？

別給對方過低的愛情門檻，因為愛情，我們先享受浪漫，再面對現實；但是婚姻，就必須先面對現實，才有資格浪漫。

病歷號：	科別：	性別：
NO.14	系統最低需求	**女性**

問 診 紀 錄

Age 19

我今年將滿 19 歲。

我有男朋友，但因為我做八大行業，我們常常吵架。

在一起前我有跟他坦白過這份工作，也答應他盡快辭職，但他常常因為沒有安全感心情不好，問他怎麼了他也不說，看到我跟男生聊天也不開心，但我跟那些男生真的只是純友誼，我知道我給他太多的不安全感，我到底該怎麼做才能得到他的信任？

不管什麼事我都對他坦白，但他常常不開心的時候都不說，就把關於我們的一切都弄掉，我不知道我還能怎麼做？

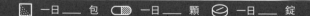

▒ 一日＿＿ 包　◖▱ 一日＿＿ 顆　◯ 一日＿＿ 錠

關於信任這件事，是愛情裡一切的根本，從陌生人到熟悉彼此身上的每一寸肌膚，從兩個個體到經營一段關係，感情、家庭、甚至事業，缺了信任，就什麼都不是了，**100%的信任只有一次，請好好珍惜。**

交往的過程裡面有許多大大小小傷害彼此的行為，爭吵、偷吃、說謊、衝突，甚至金錢、工作、家庭觀念等等，都會讓信任從 100% 開始倒數，等到信任剩下個位數的時候，你們不過就是勉強演情侶給不知道誰看的兩個陌生人罷了。

而且，信任的崩解是沒有在客氣的，有時候大到一件事，有時候小到一個字，都有可能影響。那怎麼樣才能維持信任的堅固？簡單，就是在愛情裡，為了彼此，把自己做好，不說傷害對方的話，不做傷害對方的事，不再發展不該有的關係，每做一點，你們擁有的信任，就向下紮根得深一點。

反之，沒有信任的愛，禁不起任何人輕輕一吹，就會連根拔除。妳的工作特殊，他沒有安全感；妳跟男生聊天，他沒有安全感；然後連妳自己都說自己沒有給他太多安全感

了，那信任怎麼來？

如果妳願意為這段感情，不說傷害對方的話，不做傷害對方的事，不再發展不該有的關係，那就可以為信任止血。如果妳因為生活、工作、愛交男生朋友，完全無法為了他妥協一點，那也許現階段的妳，根本不適合談戀愛。

要不，就去找個完全接受妳目前狀態的男生，他，顯然不是。

處方籤 ⑰

愛不理賠

戀愛不是人壽險，
付出很多，並不代表最後能全部領回。

病歷號：	科別：	性別：
NO.15	愛不理賠	**女性**

問 診 紀 錄

我和男友交往快半年了，他很大男人主義，自私又聰明，每次爭吵，他都用大道理和我的過錯來壓制我，我很愛他，但常常都在哭。

我只是希望他能多細心些，多寵我些，但他總說不知道怎樣才算好男友，要我像下命令般地清楚教導他，可是我不喜歡這樣，卻又不知道該怎麼跟他表達。

他也不曾說我是好女友，但既然我不好，又何苦交往，他的回答是因為「想穩定」……我真的不知道該怎麼做？

另外，我總說我付出得好累，他問我，我付出些什麼？我也說不出我付出什麼。我都傻了，第一次遇到這樣的男生……過客已經太多了，我不想再衝動換人，想試著改變些什麼，所以想請您教教我……

🔲 一日＿＿ 包　🔵 一日＿＿ 顆　🥚 一日＿＿ 錠

經營一段愛情，很難；搞砸一段愛情，諷刺性的簡單。

有時候兩個人在一起，不需要第三者的搗蛋，愛情就可以輕易熄滅，原因就是其中有一個、或是兩個人都對彼此產生**對方聽不懂的要求**。

妳說：你怎麼不多細心些？多主動些？多寵我些？
我不知道妳是對他提出要求，還是只是想要撒嬌，但是他很有可能解讀成：「原來我在妳眼中就是一個不細心、不主動、不寵妳的人？」

然後妳就會怪他聽不懂，生悶氣，他就會搞不懂自己到底哪裡不好，也生悶氣，那你們的溝通裡，當然就只剩下生悶氣了。
妳說他大男人主義，自私又聰明又能言善道，常常用道理堵住妳的嘴，這些在你們交往後的第一次爭執時，就應該知道了吧？再說，他要是小男人，感情大方，不聰明又嘴拙，當初怎麼追得到妳？

接受了一個人當初的樣子，就不要試圖改變他的樣子，妳不能、也不會、更無權改變他。要不就承認自己看走眼，

不然，愛一個人，就要愛上他最初的樣子。

妳說，他不明白想被寵愛呵護的心？抱歉，沒有任何一個男人天生就懂，妳說他不曾說過妳是好女友，但還是留在妳身邊？請問如果他真的不覺得妳是好女友，怎麼會留在妳身邊？妳說，妳付出得好累，但是不知道自己付出了什麼，那我告訴妳，**在一段感情看到幸福的終點之前，沒有任何付出是輕鬆的**，好嗎？

不要只看到自己在一段關係裡付出了什麼，然後去檢視對方沒付出什麼，還要下命令般的清楚教導他什麼才是好男友，妳不是訓練黃金獵犬，寵妳還要用命令的，我就真的搞不清楚，到底是他大男人，還是妳？

最後，妳只是不想再換男友才停留在這段感情裡？
這，才是自私吧？

病歷號：	科別：	性別：
NO.16	愛不理賠	女性

問 診 紀 錄

Age 28

喬志哥我今年 28 歲，跟男生交往 3 年，我們相差 12 歲，他是我主管。一直以來感情都很好，見過家長也都很祝福，以為會走到最後。去年公司調他到國外分公司，他跟公司說他願意接受調派，前提是要帶我一起，公司也同意了。我比他晚 1 個月出國，我到國外沒多久他就跟我分手，跟分公司的新同事在一起了。

可以出國工作很不容易，我不想放棄工作，但是要一直看到他們，一起在同一個工作環境，跟男生還住在同一個宿舍，心裡實在很難說服自己。

而且之前發生過一次他們吵架男生回頭來找我，我跟他吵架他就又去找她。一直說服自己要放下，但是每天都在我眼前、我生活的環境發生，還是覺得很辛苦，請喬志哥給點建議，謝謝。

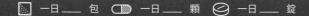

🔲 一日＿＿ 包　💊 一日＿＿ 顆　⊖ 一日＿＿ 錠

所以，妳的意思是，

前面感情這麼好，家長也都見面祝福過，

3 年累積下來的基礎，現在輸給一個新同事，是嗎？

那請問，

如果是輸給志玲姐姐，妳心裡會好過一點嗎？

別傻了，**愛要變心的時候，就會變心了，**

不是前面做得多，累積得多，

未來就會幸幸福福，

但是如果不做，只恐怕連現在都保不住。

愛情裡面對彼此的付出，

是**甘願**為了自己的愛人犧牲一點什麼，

而不是一張考卷，

一題一題全部答對就 100 分好棒棒。

現在，他變心了，跟別的女人在一起了，

妳可以做的事情有很多，

哭一哭、痛一痛、發洩一下都正常，

但是絕對不包括讓他走回頭路，

但是妳讓他這麼做了，

而且是在他跟她吵架的時候，

然後妳跟他吵架的時候，他又可以回去找她，

妳好好的一個前女友療傷都來不及了，

幹嘛一下又炮友，一下又前女友，

一下又再次被丟下？

如果覺得他這種行為噁心，

就該想想是誰讓他可以像乒乓球一樣的

在兩對胸部間彈來跳去的？

這場球，在妳們兩個沒有人離開之前，

他都是贏家，看看妳要讓他逍遙多久吧？

處方箋 ⑦

戀愛不是人壽險，
付出很多，並不代表最後能全部領回。

定存中途解約，還可以領回本金，

愛情，就別想了。

處方箋 08

體感溫度

愛情的重量，不在於自己做了多少，
而是對方感受多少。

病歷號：	科別：	性別：
NO.17	體感溫度	女性

問 診 紀 錄

Age 28

我是 28 歲的上班族，和男友在一起六年了，他心靈出軌了！喜歡上別的女生，他說他需要我時我總不在他身邊，他只需要我多關心他一點！我上班累回到家只想要有私人空間安安靜靜的，殊不知我的行為造就我男友劈腿，我求他回到我身邊，他說來不及了……雖然他們什麼都沒發生。

我恨自己……好恨。

他說他很難過，他也很愛我！

可是為什麼他不回來我身邊？

▦ 一日＿ 包　▭ 一日＿ 顆　◎ 一日＿ 錠

在一起六年的男友，突然承認自己心靈出軌？

這件事代表了什麼？除了必須給願意說出口的男友拍拍手之外，這六年來一定有很多相處上的細節，因為已經太習慣，或是把彼此看做理所當然，而忽略掉。

一段感情亮紅燈之前，一定也是從綠轉黃才變紅的，就算他坦承已經喜歡上別人，也不可能是跟妳說之前，剛剛走去巷口便利店看到一個女的，然後驚為天人，馬上手刀回家跟妳分手吧？

與其說妳察覺不到，還不如說妳刻意不想察覺，感情的變調，不見得是感覺對方做了什麼讓妳不開心的事，常常被忘記的，是對方已經開始少做很多事，噓寒問暖的頻率、簡訊文字的熱情、對話溝通的耐心，當這些線索都被「可能是在一起久了吧？」這句話給合理化的時候，你們的感情顯然已經剩下「別人看你們不錯」的空殼。

所以，要懂得感覺對方做了什麼，更要感覺對方少做了什麼，**有進有退的相處**，感情才是健康的。

他說得很清楚，他需要妳的時候，妳總是不在他身邊；妳

也說得很清楚，妳工作累所以下班只想私人空間安靜一下。這兩個這麼大的落差，難道真的要到說分手才感覺的到？

最後，他說他很難過，也很愛妳，但是為何不回到妳身邊？簡單，他很愛妳，但是感覺不到妳。

他離開的，是這個讓他不快樂，沒有存在感的相處模式。

病歷號：	科別：	性別：
NO.18	體感溫度	男性

問 診 紀 錄

Age 28

我今年 28 歲，我有個很喜歡很喜歡的女生，起初我只是口頭上告訴她我很喜歡她，後來開始追她，對她好，為她付出，只要在我能力範圍內，我有什麼我就給她什麼。

但我們都怕著某些事情吧，我很怕前女友帶給我的傷痛，她很怕某些自己心理障礙跟家庭吧。

我沒有逼迫她去馬上克服，今天換成是我我也沒辦法，只是我也希望她知道，我真的很喜歡她、也真的在對她好，但這問題好像只能她自己解決。

我很喜歡她真的很喜歡，只是我真的不知道該怎麼做了，我們會牽手會抱在一起，但我也不知道這樣算什麼，對她來說算什麼？

▨ 一日＿＿ 包　◖▣ 一日＿＿ 顆　◎ 一日＿＿ 錠

一份愛，除了要兩個人同意，更重要的，是對這份愛情的責任感。

所謂愛情的責任感，不是我對你好，你對我好這麼單純，而是當兩個人決定在一起之後，要開始告訴自己「**我現在已經是有男女朋友的人**」，當你能夠時時提醒自己這件事的時候，很多事情就不會還用單身的心態去處理。

「我女朋友喜歡吃這個，帶回去給她吧！」
「我男朋友穿這個一定很好看！」
「我想為了我們的健康開始運動！」
「我們每年年假都會一起旅行！」
「我會試著跟妳家人溝通。」
「我會學著跟你朋友相處。」
「妳喜歡我我很感動，但是我有女朋友了。」
「你不該對我說這些，因為我有男朋友了。」

這些話你如果說不出口，甚至連在心裡都沒有想過，但是兩個人卻貪圖著男女朋友該有的行為，擁抱、牽手、親吻、做愛、每天膩在一起，那麼你們就是標準的「偽情侶」。

現在，你自己還在前女友的傷痛之中，她，也因為心理障礙跟家庭因素，而沒有真正在一起，可是卻會牽手跟擁抱？即便你真的很喜歡很喜歡她，付出自己的一切，她雖然接受付出，但也沒有勇氣克服障礙，很清楚的這就是「你們只想享受愛情，卻沒有人要負愛情的責」。

如果夠愛夠勇敢，就應該牽著對方的手，一起面對你前女友給你的傷，還有她家庭給她的心理障礙。而不是只牽手、只擁抱，但是不知道兩個人算什麼。也許，文中你一共用了6次「喜歡」來形容你對她的感覺，但是，我連1次「愛」也沒看到。

只用喜歡建立起的感情，是沒有重量的。

愛情的重量，不在於自己做了多少，
而是對方感受多少。

做得多，要甘之如飴，
對方感受不到，就是方法錯了。

處方籤 ⓞ9

沒有答案的愛情

愛情難免有問題，但不能只剩問題。

病歷號：　　　｜　科別：　　　　　　｜　性別：
NO.19　　　　沒有答案的愛情　　　　**女性**

問 診 紀 錄

Age 30

> 我 30 歲，我男友最近很沉迷交友軟體，
> 被我發現後騙我說不會再玩了，但是其實
> 他在跟我交往期間都還是有在玩，甚至會
> 約女生出去。
>
> 他曾經對我說就算玩交友軟體也不代表他
> 會做對不起我的事情，因為他只愛我。可
> 是他都是跟我見面完後就會馬上玩軟體
> 約女生。我無法得知他是不是真的只是約
> 吃東西而已？男生的心態到底是什麼？是
> 不是真的在網路上搞曖昧，但不會發生關
> 係？愛玩交友軟體的男生是不是真的只是
> 玩玩，但是其實還是很愛自己的女友？朋
> 友勸我有些男生只是想在交友軟體上得到
> 慰藉，並不是真的想發生關係，叫我放寬
> 心相信他。我不知道該怎麼辦。

▦ 一日 ＿＿ 包　　◖▨▩◗ 一日 ＿＿ 顆　　⬭ 一日 ＿＿ 錠

問 診 紀 錄

現在重點不是他玩什麼，是他有女友還約網友出去，並且會對妳說謊，妳的男友這樣，妳説怎麼辦？

Age 30

他騙我會不會只是想有自己的空間，但並不想跟我分開，還很愛？

就像有的人很愛打電動，是興趣，我只是想，兩個人在一起本來就應該給對方空間？

喬志先生，我一直走不出來不知道該怎麼辦？我只想知道，男生這種行為是正常的？

有興趣是正常，但是用約炮軟體約女生吃飯的興趣，妳要不要動腦想想？

一日___包 ⬭ 一日___顆 ⊖ 一日___錠

「你有權請律師為你辯護，如果請不起，法庭將為你指派一位。」

這是只要跟犯罪有關的電影裡，常常看到的台詞，即便我們都不懂法律，這句話我們卻也滾瓜爛熟，在律師的辯護之下，嫌疑犯才有洗刷冤屈的機會，所以律師必須要保持公正、專業、充滿正義感。

妳男友的問題是：

1. 沉迷虛擬世界

交友、手遊等虛擬遊戲應該是娛樂與放鬆，但是他卻為了虛擬世界裡面形形色色的女孩，讓現實生活女友不開心，讓自己的感情充滿危險。

2. 說謊，說不玩了但是一犯再犯

不但說謊，還是說謊的累犯，跟會說謊的人談感情，根本一點把握都沒有，寧可對女友說謊，也不顧女友情緒。

3. 交友軟體不只聊天，還約見面

不尊重女友，也不尊重自己是有女友的人，交往中的人應該避免與異性單獨約會，他很明顯的是不理會女友的感受，試圖挑戰女友耐性的底限。

光是以上 3 點，就可以看出來他到底花多少心思在愛妳，

多少心思在騙妳。

妳問我妳男友的心態是什麼？

我不知道，但是我很確定的是他很不尊重這段感情。

妳問我，他是不是只搞曖昧不發生關係？

那妳的意思是如果他只搞曖昧妳心情會好一點嗎？

妳問我，他會不會只是愛玩交友，但是還是很愛妳？

他要是很愛妳，明知道妳生氣他還要玩？

妳問我，他朋友說他玩交友是想找慰藉？

請問一段感情需要他跑去跟別的女人見面聊天找慰藉，這
樣是覺得自己女友很差的意思？

最後，妳問我他玩交友約女生出來會不會只是一種興趣，
實際上並沒有要跟妳分開，還是很愛妳？

請問，他如果為了交友軟體跟妳分開，是不是就代表他承
認以上所有做錯的事？跟妳分開，他就是壞人了！

如果妳到最後還要問「男生這樣的行為是不是正常的？」
那麼妳的心一開始，就一直在幫他辯護。

這位律師小姐，妳是幫著他，在傷害自己。

病歷號：	科別：	性別：
NO.20	沒有答案的愛情	女性

問 診 紀 錄

Age 33

喬志你好～我現年 33 歲，男友對我百般體貼，從不對我發脾氣，但他不聰明，見識不多，也常説錯話，交往一年，沒啥性生活（他那方面不行，有在看醫生了），也沒啥聊天（沒有共鳴），該不該繼續下去？我好困擾，可以給我一點建議嗎？謝謝。

妳是交男友，還是養寵物？

Age 33

了解，謝謝。

🔲 一日＿＿ 包　　🔘 一日＿＿ 顆　　⊘ 一日＿＿ 錠

男友，

會逗妳開心，會惹妳生氣，

很多事要教，教了不會妳更生氣，

犯錯了不見得會道歉，

有劈腿可能，可以做愛。

寵物，

會逗妳開心，會惹妳生氣，

很多事要教，教了不會妳覺得牠淘氣，

犯錯了會裝無辜，

只愛妳一個，不能做愛（原諒我的保守）。

男友跟寵物怎麼相提並論？

當然不能，但是可以解決妳的疑問，

以下行為令妳開心的打〇，不開心的打✕。

妳形容妳男友：

（〇）會逗妳開心（百般體貼）

（〇）會惹妳生氣（從不發脾氣）

（✕）很多事要教（見識不多）

（✕）教了還不會（不聰明）

（×）犯錯不見得道歉（常說錯話）

（×）有可能劈腿（男人原罪）

（×）可以做愛（他那方面不行）

如果是養寵物：

（○）會逗妳開心（好可愛～）

（○）會惹妳生氣（難免嘛～）

（○）很多事要教（牠會自己大便了！）

（○）教了還不會（而且還有點可愛～）

（○）犯錯不見得道歉（那什麼無辜眼波！）

（○）不可能劈腿（只忠心主人）

（○×）可以做愛（這題不好說）

結論：

男友2○　5×

寵物7○　1×

男友，需要相處；寵物，可以陪伴。

以妳現在跟男友的相處，還不如養個寵物陪伴。

病歷號：	科別：	性別：
NO.21	沒有答案的愛情	男性

問 診 紀 錄

Age 35

我男生 35 歲，與女朋友交往 5 年，感情都算蠻穩定，一直都有結婚的計畫，她對我非常非常好，好得無可挑剔，但一直有個問題存在，她跟我的朋友都處得不是很好，大致上都是女生（絕對沒有任何曖昧關係的多年朋友），也有幾個男生，最近更發現，跟我的家人也有點處不好，似乎對我妹妹也帶有一點敵意，原本想說對朋友就算了，但現在連家人都這樣……請問我該怎麼解決？

哪、哪來的穩定？

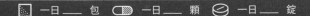
一日＿＿包　　一日＿＿顆　　一日＿＿錠

兩個人在一起之後，除了甜甜蜜蜜你儂我儂，感情裡面的兩大課題，就是「朋友」跟「家人」，各自的兩群朋友、彼此的家人，因為你們的愛情力量而開始有交集。

其實，在愛萌芽的瞬間，需要跟對方家人朋友交手這件事就已經決定了，就算你根本不打算進展到見家人，朋友這關也鐵定躲不了，所以，如果你的另一半連介紹你跟他朋友認識都不願意，或是始終不願意走進你的朋友圈，那肯定是在隱藏什麼，尤其是「等我們穩定一點再跟大家說」這句話，通常就是代表「穩定前跟你分手我就連說都不用說了」，那「穩定」這兩個字定義又是什麼？超～難～界～定～

雖然，我不確定努力經營對方家人及朋友關係，感情就一定會穩定，但是如果連客套一下都懶，這種冷淡的態度顯然也是大扣分。

你的女友如果跟你大部分的女生朋友都不太能相處，那我認為一定不是她不想相處，而是她應該有從你跟她們相處的過程中，嗅到一點不安全，但是又沒有被解釋到的感覺。

至於家人，你就要展現一個男人該做的，盡量的從中耐心協調，協調不了的話，就要想辦法巧妙閃避尷尬，最糟糕的就是認為女友對你的家人朋友本來就應該要上上下下一團和氣，然後在女友面前責怪她不懂事、在家人面前數落自己女友。

這樣做，就是為了你們分手，幫了個大忙。

愛情難免有問題，但不能只剩問題。

只剩問題的戀愛，根本自找麻煩。

處方籤 ⑩

裝大方

不看不聽不想，以後吵架不拿來當籌碼，
做不到就別裝大方原諒。

「原諒一件根本無從原諒起的事，
就是裝大方原諒。」

病歷號：	科別：	性別：
NO.22	裝大方	男性

問診紀錄

 我太太劈腿了，不是很想原諒她，難就難在她是真的很照顧我，也很幫忙我的事業，只是劈腿這點該原諒她嗎？

要原諒就要真的原諒，你能保證以後吵架完全不把她偷吃過當成吵架籌碼嗎？

 好的，我會努力做到真正原諒。另外，由於被背叛，而升起自己也想偷吃報復的念頭，該怎麼抑制呢？

如果是這樣，我勸你分手吧！她不尊重婚姻，你也想用這個理由開始不尊重婚姻。拖著幹嘛？

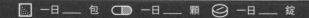
📋 一日＿＿包　💊 一日＿＿顆　⊘ 一日＿＿錠

人，難免有錯，

但是當情人出錯的時候，

第一個出現在心中的念頭是什麼？

大氣原諒？默默吞忍？

還是：「這下我也有醜一的機會。」

和好了，回到看似相安無事的生活裡，

卻早已經埋下另一次出錯的禍源，

這樣的復合，根本不是給兩個人重新開始的機會，

而是假裝原諒但是伺機復仇傷害對方的前奏而已。

原諒，簡單兩個字，

但是做到「真原諒」真的有夠難，

如果原諒是一個只有「ON」跟「OFF」的開關，

一切都會變得簡單許多，

偏偏我們就不是機械，哪有辦法這麼絕對？

你知道嗎？當你心中的潛台詞是：

「當初她還不是……」

「其實我心裡一直以來……」

「那件事多少有影響……」

你就已經在裝大方了。

真正的原諒必須來自自己，絕不是：

「誰誰誰叫我算了。」

「誰誰誰叫我應該大氣。」

「誰誰誰叫我忍一下。」

那請問，下次出錯了，要為這個錯負責的，

是你自己，還是那個「誰誰誰」？

這個案例中的男主角，

還沒決定要不要原諒就已經在想以後偷吃了，

這種有目的性的原諒，比不原諒還要糟糕。

病歷號：	科別：	性別：
NO.23	裝大方	女性

問 診 紀 錄

Age 29

我今年 29 歲，跟我男友在一起 3 個月，先前知道他很喜歡一個女生長達 4 年，我也答應給他時間慢慢忘記，他也說他只想往前看，但剛剛發現他回去美國還幫她準備禮物，還要見面拿給她，電腦上也都存著他以前下載的照片……想問喬志哥，是該再給他時間嗎？

什麼陪人家一起忘記？就是還沒有斷乾淨妳就急著跟人家在一起。裝什麼大方？

Age 29

但只是男生一廂情願……也算嗎？

我就是說男生啊不然妳以為？

 一日 ___ 包　 一日 ___ 顆　 一日 ___ 錠

有許多事是在迎接一段新戀情前，應該做好的準備，

健身、減肥、學才藝、改變髮型、音波拉皮……

以上這些除了讓你看起有充滿競爭力的外型，

最重要的，是妳的「軟體」，

也就是先確定一下自己的身、心、靈，

是不是在「單身設定」的狀態。

如果身體不是，那麼妳跟下個人的性，

不過是一個代替在耳邊喘息，洩慾的工具而已。

如果心裡不是，那麼妳對下個人的好，

僅僅是妳錯亂了對象，自以為贖罪的投射罷了。

如果靈魂不是，那麼妳與下個人的靈魂，

將是永不交叉的平行線。

也就是說，

好像可以一個人吃飯了，自己看電影說走就走，

睡覺位置慢慢回到床中央，浴室不再準備兩支牙刷，

手機滑到他的消息，也不會盯著發呆心揪揪了，

療傷到這個階段，恭喜，妳就可以找尋下一段戀情？

不，妳就可以正常的過「單身」生活，

單身一陣子後，才是遇到某個人，才是再次心動。

這時萌芽的愛苗，才是真正沒有前男女友病蟲害，

完全屬於兩人的健康愛情。

如果妳的另一半已經跟妳在一起，

然後要妳陪他療情傷，

或是他情傷還沒結束，卻猛烈追求妳，

妳要不是完全不在意，就別試探自己大方的底限吧！

因為陪他，就代表妳同意妳的戀愛

有 50% 的機率是他可能會回到前女友身邊。

請問，妳的大方，有這麼大嗎？

病歷號：	科別：	性別：
NO.24	裝大方	女性

問 診 紀 錄

Age 23

我今年 23 歲，男友 37 歲，今年預計要結婚了，相差 14 歲的戀情走來不容易，我很珍惜他，他也很疼我。

但近期⋯⋯他跟某位女同事走得很近，那位女同事結婚了，卻跟她老公處得不好，每晚都會跟我男友用私訊聊天，內容更是曖昧不已，我也跟男友反應過我不喜歡這樣，也要求男友要避嫌⋯⋯

但男友的觀念是，只是開個玩笑而已～有什麼要避嫌的，最近為了那個女生吵翻天，我不知道該怎麼跟他溝通，該用什麼想法去看待他和那女同事的聊天內容了。

🔲 一日＿ 包　⬭ 一日＿ 顆　◎ 一日＿ 錠

很多人在對方身上會發現許多看似無害，

但事實上心裡卻在意得要命的細節，

想質問、想攤牌，

卻又怕被認為小氣、小心眼、小鼻子小眼睛。

「我男友去前女友臉書留言。」

「我女友跟男主管對話很曖昧。」

「我男友說去酒店有什麼大驚小怪的。」

「我女友說半夜回客戶訊息是工作。」

當另一半開始將這些行為，

解釋成「**又不會怎樣**」的時候，

我們往往為了要當一個很開明很 Cool 的情人，

而說服自己硬著頭皮接受不平等條約。

當然，對方可不會管妳在接受前，

心裡打了幾次世界大戰，

因為最終結果就是**妳接受了**，

但是嘴可以 Cool，心卻騙不了人，

忍著看對方一而再的重蹈覆轍那些妳不喜歡的行為，

妳總有一天會打從心裡爆炸，爭吵，也就來了。

事實上，既然是身邊最親密的人，

就更應該忠實的表達自己在意的事，

能接受、不能接受都要講清楚。

妳現在要在意的不是他跟女同事對話的內容是什麼，

而應該是「我能接受我男友與已婚女同事對話曖昧嗎？」

這件事。

別因為他講得很輕鬆瀟灑，懷疑自己是不是不夠大方，

大方，不是這樣拿來用的。

處方箋 ⑪

純粹肉體

請先確定關係再發生關係，
否則你們之間就只剩那種關係。

病歷號：　｜　科別：　｜　性別：

NO.25　　純粹肉體　　女性

問　診　紀　錄

Age 26

我 26 歲，我跟他從認識以來都單身，從認識的第一天我們就發生關係了，直到現在幾乎每週都會 sex，已經一年多了，但我們除了 sex，還會約吃飯、看電影、陪我過生日、他外派 2 個月，也讓我去當地找他。

他帶我去見過他朋友，只是他朋友也沒問我們的關係，我們也從來沒有說開我們的關係。

不過最近我開始對於這樣模糊的關係感到不滿足，我想問清楚，但又怕問了就會失去他，我該怎麼辦？

繼續當炮友啊。

▦ 一日 ＿＿ 包　◖▨ 一日 ＿＿ 顆　⊖ 一日 ＿＿ 錠

問 診 紀 錄

―――――――― 6 個月後 ――――――――

Age 26

兆志先生，很抱歉現在才回您。

因為一個意外，我昨天問了他願不願意交往，甚至跟他說我喜歡他，但是他的回覆就如同您先前所預告的殘酷結果，他從來就沒有與任何人定下來的想法，更別說對我做任何讓我感到一絲絲希望的卑微承諾，有人說，炮友間誰先認真誰就輸了，我以為我們不只是炮友，但事實上只是我在欺騙自己。

我醒了，也大哭一場，心好痛好痛，有時候甚至會希望時光倒流，回到認清事實以前，但是回不去了，我希望我能夠堅強的撐過，我希望多年後我會肯定我今天的決定，也希望我真的學會了好好尊重自己。

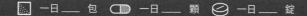

▦ 一日＿ 包 ⬭ 一日＿ 顆 ⊖ 一日＿ 錠

性與愛能不能分離這個大議題，

根本就可以發動全球男女來一次歷史性的投票，

得到的數據一定也很耐人尋味，

有些人能、有些人不能、有些人自以為能，

妳，明顯的就是自以為能的女生，

碰上了能得很徹底的男生。

日常生活裡，妳跟他扮演好各自的角色，

每週慣例的見面時，你們就成為性愛球場上的兩位選手，

熱切地在對方身上找尋濕、熱、黏的快感。

也許是因為不用為對方的情緒負太多責，

這種純純濃濃的性交往，

從你們見面的第一天就開始，到現在持續一年多。

就在享受這種關係的時候，

妳開始把一些注意力移轉到不該是炮友應該留意的事情

上，而且把它們當成炮友關係以外愛情萌芽的線索。

妳說：「你們可以吃飯、看電影、過生日」，

拜託，吃完飯看完電影連送妳回家都不用，

這麼方便有什麼不好？過生日只要是朋友都可以參加吧？

尤其妳說朋友都不知道你們的「關係」。

妳說：「他外派 2 個月也讓妳去找他」，

當然，妳跟自來水一樣安全可靠乾淨保密，

還會出機票自己送來，

總比當地找一個好吧？

妳說：「見過他朋友但是彼此都沒有解釋是什麼關係」，

廢話，不然他是要跟大家說：「介紹一下，她跟你們都一樣是我朋友，只是我們會做愛。」這樣？

妳說，妳想問清楚。

對，妳早該問清楚，但不是問他，而是問妳自己：

「我是應該認真經營這種純肉不愛的關係？」

「還是應該認真尋找一段負責任的愛情？」

第一次妳來問我是半年前，我只回了一句話，

妳看完了之後，6 個月才回我，

想必當初那句話有惹到妳，對吧？

但是沒關係，我很高興妳回我的內容裡面充滿的覺醒，

因為如果妳不覺醒，也許妳永遠都不會回我了。

那麼，我讓妳不爽 6 個月，值得！

病歷號： ｜ 科別： ｜ 性別：

NO.26 純粹肉體 女性

問診紀錄

我遇到一個男生，他讓我懂得珍惜自己，他幫助我減重，教我做個女生，我很喜歡他，但是他說他對我沒有感情，只是朋友、兄妹，可是他又會幫我全身按摩，怕我生氣，就是給我感覺像男女朋友，我真的不懂他在想什麼？他對我到底有沒有感覺？

▦ 一日 ___ 包　◖◗ 一日 ___ 顆　⊘ 一日 ___ 錠

他對妳的感覺是：朋友、兄妹。

對，是朋友，而且是沒有感情的朋友（他說得很清楚了不是？）。

至於兄妹，他跟妳明明就不是，省省吧！

妳對他的感覺是：像是男女朋友，

「像是」的意思，就是「還不是」或「也許會是」，

但是現在就「不是」。

所以在不是男女朋友之前，

妳會讓妳朋友、哥哥幫妳全身按摩？

他教妳減重，為了妳的健康跟自信，這很好，

他教妳做個女生，找回失去的自己，這也很好，

但是不可以利用一些聽起來很合理但是根本狗屁不通的身分，隨意觸碰妳的身體。

妳說他怕妳生氣，代表妳有脾氣，

但是他碰妳全身，膽子倒是不小沒在怕的？

他幫妳做了很多，頂多得到一句謝謝就好，

他如果想再得到什麼，就是有其他的私心。

最妙的是，他教妳要懂得珍惜自己，

但是卻對一個他稱為朋友、兄妹的女孩子全身按摩，

這是哪門子珍惜？

處方箋 ⑪

請先確定關係再發生關係，
否則你們之間就只剩那種關係。

沒愛就先性了，誰還花時間愛？

處方箋 ⑫

感情人質

別以為，
用婚姻能綁住愛情，
用孩子能綁架婚姻。

病歷號：	科別：	性別：
NO.27	感情人質	男性

問診紀錄

Age 32

32 歲，男。

今年剛結婚不久，女方在台北上班。而我長期在國外讀書工作。前提，女方不要小孩，但男性朋友眾多。每到週末就會找藉口吵架，假日晚上打電話給她，她超不爽，直到星期一就恢復小女生態度。我很信任她，只是覺得不知道該用什麼態度去面對這一切。

她年紀也不小，和我同歲。她是認真的看待這段婚姻嗎？

你年紀也不小了，
你認真覺得婚姻擋得住玩心嗎？

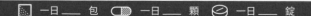

📦 一日 __ 包　💊 一日 __ 顆　💊 一日 __ 錠

遠距離戀愛本來就難維持，很多人靠著簡訊、視訊、電話的支持，一開始還覺得挺新鮮的，而且在一個人生地不熟的異地，彼此加油的聲音、畫面、文字，是唯一的安慰支柱。

等到在異地開始習慣了生活，一切上了軌道，也擁有許多當地的朋友圈，而且社交活動完全沒問題的時候，遠在家鄉來的一通電話或是訊息，相比之下就會變得不是那麼的重要、令人期待。

這跟游泳一樣，不會游泳的人在泳池裡根本是種折磨，不管怎麼安慰，他都會緊抓著泳圈不放，等到他熟悉水性了，發現游泳的樂趣了，他會像孩子一樣的在水裡玩瘋，而且主動丟開依賴很久的泳圈。
泳池，就是遠距離的異地；泳圈，就是在家鄉等待的人。

現在，有著婚姻的兩個人，太太不想生孩子，迷失在繁華的大都市裡，丈夫不在身邊，玩心正濃；先生為了未來出國工作一邊進修，卻對家鄉愛玩的妻子，束手無策。
這不是婚姻，這婚姻已經變成一條鎖鏈，阻礙太太盡情享受人生，影響丈夫在外攻讀品質，這樣結婚的意義到底在

哪裡？

結婚，為的是「兩個人」的一輩子，所以麻煩要結婚的人，兩人在婚前就應該把生活節奏、事業基礎，準備或調整好，紅毯上從她父親手上接過女兒，變成自己的妻子，怎麼說也要握緊一輩子，珍惜所有「兩個人」的日子，而不是接過手裡的妻子，自己出國工作念書，妻子去台北工作。

你問我妻子是否認真看待這段婚姻，我看到的卻是，對妻子來說，剛結婚，老公就出國不在身邊，缺了一半的床，沒有體溫的夜晚，這算什麼婚姻？

當初該做的，是各自拚完一個目標再結婚，不是先用婚姻綁住她，自己再去拚未來。

病歷號：	科別：	性別：
NO.28	感情人質	男性

問診紀錄

Age 26

喬志哥好，我今年 26 歲，和女友認識了 10 年，在一起半年多一點。

現在的我不知道是否該和她繼續下去，她是個非常強勢的女孩，我想和她溝通事情時總是無法溝通，會以吵架收場。我屬於很理性的那種不愛吵架，喜歡用説的達成共識就好，我有時候在想是不是我自己無理取鬧太無聊，但我只希望我們能更好並互相尊重彼此的意見。

幾天前才暫時的做回朋友，交往期間時常吵架觀念不同，但我很愛她，我也是真心的想和她結婚。求解該繼續嗎？

觀念能在相處久了後得到共識嗎？

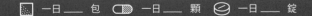

🔲 一日＿＿ 包　🔘 一日＿＿ 顆　🥚 一日＿＿ 錠

就算是同一個家庭長大的雙胞胎，

對待事情的觀念都不可能一樣，

來自不同家庭的兩個人，又怎麼可能相同？

大多數情侶分手聽過最多的理由就是「個性不合」，

別天真了，**個性，是不會合的。**

對象是「遇到」的，又不是「訂做」的，

如果真的想要訂做，那麼你需要的是僕人，不是愛人。

可是就真的個性不合啊？不然怎麼會分手？

我說過了，個性是每個人天生的，

如果不合，一開始就應該發現了，

真正的原因是，你們並沒有想辦法讓兩個不同的個性，

因為一段感情而能「共存」，

真正能夠經營長久的感情裡，

一定有一點點妳、有一點點我在裡面，

能讓兩個個性共存，需要妥協與讓步，

某些事，妳前進一些，某些事，我體諒一些，

兩個個性懂得妥協與讓步，塑造累積起來的感情，

才是健康不易被推翻的。

雖然你認識她 10 年，

但是真正在一起的半年，才是真槍實彈的，
看來這半年，你們也並沒有因為 10 年的交情，
而變得比較珍惜對方，
或是學習在一段感情裡，兩人如何共存。

在還不知道如何共存的情形下，就想著是不是要結婚，
就像是不用杯子，反而空手去接剛煮好的咖啡，
受不了，撐不住，還會受傷。

別以為，
用婚姻能綁住愛情，用孩子能綁架婚姻。

綁架，就是利用人質脅迫，
愛情怎麼能用人質脅迫呢？

處方箋 ⑬

打不是情，打就是打

別進貢自己讓人拳腳相向，

那不是愛，是病態。

病歷號：	科別：	性別：
NO.29	**打不是情，打就是打**	**女性**

問診紀錄

我脾氣太壞，我和男友在爭執時我抱著他，他叫我不要碰他，他大力把我推到床上，我說「打我呀！」然後他連續摑了我三下！我說你為什麼心不痛，他說：「是妳叫我打妳的，妳有這種嗜好嗎？我不愛妳了，為什麼會心痛？」我嘴巴有一點流血，叫他給我紙巾，他不肯！之後我說，我可以原諒你，之後他走了！

後來他發了訊息：「我們還是算了，我打妳一次，會有第二次第三次，這樣的感情，不好，很噁。」這是昨晚發生的，至今連一句道歉都沒有。

我明白，第一巴掌，可以說太氣，可是有第二、第三巴掌呢？而且他竟然說我打妳一次會有第二、三次！如果他還想在一起，大可說謊說以後不會這樣，但是他沒有。他為什麼可以狠成這樣？我真的受不了。

🔲 一日＿＿包　◑ 一日＿＿顆　⊘ 一日＿＿錠

為了感情爭吵的兩個人，

面紅耳赤，誰也不讓誰的時候，

千萬不要因為抱著「反正你不會動手」的心態，而不斷的

試探對方耐性的底限。

逞了口舌之快換來的若是一輩子的傷痕，

生理心理都非常難復原。

對於會動手的另一半，請千方百計的離開！

偏偏有許多人會選擇留下、隱忍，

甚至覺得被打，

是代表對方在乎自己的表現。

先撇開這樣的行為跟愛有沒有關係，

重要的是不應該讓自己的生命暴露在危險中，

妳只要留下，

在對方的解讀就是「打妳都不走？那我就繼續打啊！」

變本加厲的結果，總有一天會失手出人命。

看看這位小姐，

一開始就說明了自己脾氣太壞，

既然知道自己脾氣壞，

又為何要在已經開始有肢體推擠的時候，

說出自以為有把握他一定不會做的事：「打我啊！」

只是沒有料到的是，

他真的聽進去，而且很精準的執行了妳的指令。

妳已經把生命交到他手上一次，

被打之後，妳並沒有用冷靜的態度面對，

反而開始責難他為什麼狠得下心？

他的情緒這時最容易被牽動，

很有可能再次爆發，

妳又把自己的生命交到他手上一次，

已經受傷嘴角流血，就該知道嚴重性該冷靜下來，

但是妳還是硬著脖子使喚他去拿面紙，

他沒有照做，他選擇離開現場，

面對這樣的情形，妳並沒有想要放棄，

繼續追問他為什麼打妳，

但是他卻驚覺了自己失控的恐怖，向妳提出分手的要求。

我認為，如果妳沒有要驗傷提告，

那麼，句點就應該畫在這裡了，

看來妳並沒有意識到身體被傷害的嚴重性，
反而把重點放在「他為什麼可以這麼狠」？
很簡單，因為**妳鼓勵他這樣做的**。

還要考慮在一起？自求多福吧！

13

痛並快樂著

病歷號：　　｜　科別：　　｜　性別：

NO.30　打不是情，打就是打　　女性

問 診 紀 錄

我男朋友會打我，跟剛在一起反差很大，中間有分開一陣子過。

然而今年過年一次都沒有帶我出去玩，耍了我三次，讓我一個人在外面傻傻地等了他三次，結果他根本沒有出門，還說捷運人太多不想搭＝＝。

叫我的暱稱是婊子、破麻，不是寶貝、親愛的，問候語不是我愛你，而是髒話三五字經，載我載到出車禍完全不關心，我傷口疤痕連看醫生的錢都不願意出，一副管我去死的心態，也會劈腿到處與女生搞曖昧，也沒錢帶我出門，卻裝得跟凱子一樣。

還有很多很多很多，我仔細想過很多次，非常想分手，朋友也都勸我分手，但就是放不了。

▨ 一日 ___ 包　⬭ 一日 ___ 顆　⊘ 一日 ___ 錠

他的行為，妳這樣解讀：

他會打妳——不在乎我的話他幹嘛打我這麼用力？

他放鳥妳三次——打我都撐過來了，放鳥算什麼？

他叫妳婊子破麻——寶貝親愛的我聽膩了，婊子破麻好有創意。

他對妳三字經飆髒話——幹！他說愛我的方式好 MAN！

他載妳摔車——他那天載的是我耶！

他不出車禍醫藥費——他要把錢拿來修車，因為他好愛護東西喔！

他到處劈腿搞曖昧——我男人魅力無法擋～

他沒錢帶妳出門——在家不浪費房租，居家好男人。

他在外面裝凱子——我男人在社會上真有面子！

如果，他對妳做的以上所有事蹟，

妳感覺到的解讀跟我上面寫的不一樣，

那麼，妳對自己的誤會就大了。

因為他既然是個會打妳、沒信用、嘴很髒、

不關心、奧懶覺、窮酸鬼、裝有錢的男朋友。

那請問，這段感情到底意義在哪裡？

很簡單，因為最後一句妳說的話就是答案。

就是放不了。

心甘情願的挨罵、被打、受辱，

把自己的人格降至極低，

讓他感覺自己的地位極高，

提供身體讓他使用，心靈讓他折磨，尊嚴讓他踐踏。

我認為，妳是不是有一點點享受這個過程？

是不是有一點覺得被這樣對待，

是他給妳的尊榮獨享？

一段感情如果痛大於快樂，卻還是甘之如飴，

這不是「痛並快樂著」，是什麼？

病歷號：	科別：	性別：
NO.31	打不是情，打就是打	**女性**

問診紀錄

Age 30

我今年 30 歲，經過一次的婚姻失敗，第二段婚姻好像也快失敗了吧！或許真的是我不好吧！我是在婚姻失敗的環境下成長的，在家裡也從來沒有被重視過，所以當我結婚時，我很努力守護，老公說什麼是什麼，避免爭吵，不讓小孩在爭吵的環境下成長。

老公長期工作不穩我不抱怨，自己帶著小孩上班，回家做手工，為了不讓孩子餓肚子；老公外遇，只要不再跟外遇對象聯絡，我就好。

今天他第三次對我動手，我心也真的死了，想離開但捨不得兩個小孩，沒有律師的朋友，也沒有請律師的錢，很怕離了婚小孩不能帶著走，所以我好像又只能選擇繼續忍受下去吧！

🔲 一日___ 包　💊 一日___ 顆　⬭ 一日___ 錠

有時候，有些看來理所當然的東西，

對於從來沒有過的人來說，異常珍貴，

好比說，一個簡單，溫暖的家。

妳長大的家庭，沒有妳要的溫暖，

妳心裡默默許下願望：

長大了，要有一個自己的家，在這之前，忍耐點吧！

後來，第一段婚姻卻沒有如妳預期的順利，

原本以為可以擁有一個家，就這樣結束了，

也只能算了，忍耐點吧！

然後妳進入第二段婚姻，

因為有了第一次的經驗，

所以任何事妳都特別小心謹慎，

老公最大，他說了算，反正有人作主就好，

妳想，為了這個家，忍耐點吧！

帶小孩工作，下班做手工貼補家用，

因為老公收入不穩；

妳想，為了這個家，忍耐點吧！

老公外遇，

為了勉強維持住家庭不破裂，睜隻眼閉隻眼；

妳想，為了這個家，忍耐點吧！

老公總是認為妳不好，今天第三次動手打妳。

對不起，這次妳真的忍不住了，

妳想離開，也想離婚，

但是放不下兩個孩子，

沒有認識律師，也沒有錢請律師，

怎麼辦？

只能繼續忍耐點吧，是嗎？

其實，妳的婚姻並不是無解，

只是解決的方法還有結果，

一定跟妳想要「溫暖的家」這件事差距很大。

想到即將面臨的驗傷、報案、對簿公堂、

孩子監護權的官司，

萬一法律根本保護不到自己，

這個家，顯然是保不住的。

妳也許願意姑息，

願意放棄捍衛自己跟孩子的機會，

但是妳不能因為忍耐，

而讓自己長期處於生命受到威脅的環境裡。

如果必須**跟孩子分開，是為了保住自己的性命，**

我想，孩子們長大會懂的。

因為媽媽為了他們不是在忍耐，

而是被虐待。

病歷號：	科別：	性別：
NO.32	打不是情，打就是打	女性

問 診 紀 錄

Age 23

喬志哥哥你好，我 23 歲。

分手半年了，最近想要拿回借他的電腦跟鑰匙，因為想要跟他斷乾淨。

當初分手的時候他說他已經沒耐心了，還沒分手的時候他出去玩，還跟喜歡他的女生睡在同間房間，分手的時候他才說出來，還傻傻的相信他。最近他坦白說對那女生有感覺，我想趕快結束跟他的任何關係，那時候有拍一些私人照，感覺他最近一直利用照片來威脅我，纏著我，叫我跟他那個。

叫他刪掉照片，他說東西是他的為什麼要刪掉？對他已經沒有甚麼感覺了，只剩下他傷害我的記憶，我現在不知道該怎麼辦，請問我該報警嗎？

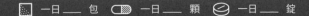

🔳 一日 ___ 包　🔵 一日 ___ 顆　⊘ 一日 ___ 錠

為了兩個人的愛情留下紀錄，

一直都是很平常的行為舉動，

不論是照片、影片，

隨著畫面中儲存的，應該是兩個人滿滿的愛。

這些畫面會在以後的日子裡，

像是感情強心針一樣，隨時喚回拍照當時強烈的心跳。

相反的，也可能在感情破碎的時候，

像是一把諷刺的刀，一片一片割去回憶的肉。

還有另一種力道更強的，就是私密畫面了，

這些看了讓兩個人情緒高漲紅了臉頰的畫面，

在分手之後卻會變成不堪入目甚至對簿公堂的證據。

也許妳會說「當初拍的時候一切都好好的。」

重點並不是當初好、還是不好，

而是當他按下錄影鍵的時候，

這個威脅就已經從 0 秒 00 開始增加，

唯一能解除這種私密威脅的方式，**就是根本不要開始**。

因為事後就算他當著妳的面按下刪除，也不見得刪光了，

硬碟備份、自動雲端、資源回收桶的暫存區，

這些都是搞不好連他都不知道，檔案卻存在的地方。

現在，他用當初你們那個的照片威脅妳跟他那個，

是不是覺得他的行為令人作嘔？

只要他威脅妳的證據足夠，當然可以交給警方處理，

前提是，妳與妳的家人，要有足夠的勇氣面對這一切，

否則，這些私密威脅將一輩子隱藏在某個角落，

在不知道什麼時候，會出現重傷妳的人生。

這個傷，不是吃吃藥打打針，就會好的，

如果妳的另一半要求這種私密回憶，

請三思。

別進貢自己讓人拳腳相向，
那不是愛，是病態。

被打不想解決，就等著被解決。

處方箋 ⑭

思念成災

念舊，

放在人情上是溫暖，放在愛情上是災難。

「這麼念舊，

就去跟舊的在一起吧？」

14

不避嫌，最危險

病歷號：	科別：	性別：
NO.33	思念成災	**女性**

問 診 紀 錄

我已經結婚有一個小孩，前陣子沒事看看以前的部落格，發現前男友在分開九年之中都不定時在我留言版留言，說一些溫暖的話，什麼很思念我之類的。

覺得不可思議，因為以前分手是因為我喜歡上別人，所以一直覺得他想報復我，後來我跑去 Line 他，問他為什麼不討厭我，他跟我說，我不會討厭妳，還是很想妳，以前有過報復的心態但是後來想開了，希望妳有個人疼而已。

請問你這是什麼心態？我不懂，我也跟他說了我已經結婚有小孩了，他說這樣也沒辦法了，但是卻常常問候我關心我，但在第三方的立場你怎麼看？

無聊，裝什麼大仁哥。提醒妳，現在是有婚姻的人了，這種對話請避嫌好嗎？

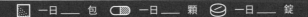

▨ 一日＿＿ 包　◫ 一日＿＿ 顆　◯ 一日＿＿ 錠

好不容易，結束一段感情。

好不容易，克服了拉拉扯扯。

好不容易，他放棄了追問妳的下落。

好不容易，想到他，妳也不再心揪揪。

好不容易，有了新的開始。

好不容易，愛妳的老公，妳愛的孩子，妳要的幸福。

從那個分手擔心被報復到安安穩穩的現在，真的，這九年
來好不容易。

現在，一個早就荒廢的部落格，讓一切起了變化，原來，
以前那個他，始終藏在留言列裡，這一藏，還藏了九年。
妳不但沒有覺得不舒服，反而心頭一陣酸甜，妳好奇的想
找答案，這陣酸甜是怎麼來的？又是什麼意思？

於是，妳翻開了通訊錄，找到當年的他，打了一句充滿問
號的話：「你為什麼不討厭我？」在按下送出的那零點零
幾秒，妳把一個花了九年，好不容易想推得遠遠的人，扯
回妳的生活裡。

現在，他可以隨時對妳表達思念之情。

現在，他可以讓妳覺得他放下過去想再愛一次。

現在，他可以讓妳認為，他為妳守候了九年。

現在，他對妳有了婚姻感覺到扼腕，但還是持續關心妳。

但是，以上的這些「現在」，卻已經危及到妳現在擁有的一切，妳知道嗎？他如果真的這麼在乎妳，他早該想辦法爭取自己的第二次機會，怎麼會讓自己只存在留言列裡面？癡情等待這種事，就留在電影情節吧？更何況他也沒說這九年單身呀？

我們雖然相信人性本善，他也說自己早就釋懷，但是萬一這些事他計算了九年，就等妳給他一次機會傷害妳，他會得到報復的快感，妳，卻有可能丟掉一段婚姻一個家庭，而且，是妳親手給他機會的。

在感情中看起來危險的交集，就應該避開，尤其是有婚姻的人，妳不是一個人了，出了事，會受傷的不只感情，是整個家庭。

病歷號：	科別：	性別：
NO.34	思念成災	**女性**

問診紀錄

Age 28

你好，我 28 歲，喜歡男生。

我與前男友從大學開始交往長達七年，畢業後我工作，他出國讀書，就在他快回國之前，我劈腿了，我愛上我的同事；和同事交往一年半中，常常想起前男友，想起前男友的好，好想回他身邊，所以我和劈腿對象提分手。

但我前男友有新女朋友了，我前男友跟我說他比較想跟我在一起，但他不能立刻離開現在的女朋友，要我等他～我們會約會、牽手、接吻、發生關係，我覺得一切都好熟悉，我感覺他真的把我當女朋友，他曾經說不是把我當炮友，他只是沒辦法這麼快離開現任女友，因為現任女友是無辜的，而且對他很用心。但我心裡常想，你跟我發生關係，就不是傷害現任女友嗎？我應該繼續等他嗎？我真的很想回到前男友身邊。

▦ 一日 __ 包　◖▨ 一日 __ 顆　⊝ 一日 __ 錠

7 年的愛情累積，抵擋不了遠距離的寂寞，妳劈腿，毀了一段愛情。一年半之後，妳仍然思念前男友的好，想回頭，妳分手，毀了第二段愛情。糟糕，前男友目前交往中，但是他卻變成當年的妳，背著女友跟妳交往，妳介入，毀了第三段愛情。第一段愛情，因為妳的寂寞，傷了男朋友，讓他變成前男友。第二段愛情，因為妳的念舊，傷了同事，讓同事也變成前男友。第三段愛情，因為妳的破壞，傷了一個女孩，同時讓自己變成炮友。

這一路以來，因為妳的念舊，妳一共摧毀了三段愛情，讓妳前男友一次被妳劈腿，現在自己再劈腿，讓妳的同事先是變成小王，然後被妳拋下，讓妳自己先是對男友不貞，讓同事被甩，然後現在是小三，更別提，妳前男友的現任女友，到現在還是個被蒙在鼓裡的無辜女孩。

最後妳說：「我前男友跟我發生關係，不就是傷害他女友嗎？」真諷刺，所有人都因為妳想跟前男友在一起而受傷，而妳卻只看到妳前男友劈腿傷了他女友，妳是不是忘了，妳前男友偷吃的對象，是妳。

妳又問，妳是不是該繼續等前男友分手？那我想問，如果他現在女朋友對他這麼好，又有前女友可以全套都來，他分手幹嘛？

處方箋 ⑮

分身術

愛情不是分離式冷氣，

只能一對一，

不能一對多。

15

精彩可期，分手可惜

病歷號：	科別：	性別：
NO.35	**分身術**	**女性**

問 診 紀 錄

Age 26

我來自美國波士頓，女生，今年 26 歲。

我跟現在的男朋友交往了 3 年，我跟他交往的時候他在中國就有女朋友了，可是交往了幾個月後，他就回國了 2 個月，回來後我就跟他分開了。

後來他一直來找我，說他現在對他女朋友沒感覺了，回去都不想碰她，說看到她雞皮疙瘩都起來，到最後我相信他了，又跟他在一起了。

一起幾個月後我偷看他微信，得知他中國的女朋友懷孕了。現在孩子都生下來了，他又說他要申請他們過來。現在都快要來了。我該怎麼辦？最主要的是那一次分開又和好我們倆就搬去另一個州了，一起上班。

他們要來了。我該放手嗎？幫幫我吧！

別放手啊！劈腿，炮友，小三，這麼精彩的日子放了可惜啊！

🔲 一日 ___ 包　🔵 一日 ___ 顆　◎ 一日 ___ 錠

明知道不該開始的，妳卻讓它開始了，

他說他在中國有女友，妳並沒有離開，

心甘情願地當了小三，反正，中國這麼遠，又碰不到。

在一起幾個月後，他回中國兩個月再回來波士頓，

妳想做對的事，於是跟他分手了，

其實這裡就已經是最好的句點了。

結果？他來挽回妳，

打動妳的理由是他回中國只有跟她上床一次，

而且她碰他的時候他會反感起雞皮疙瘩，

聽起來是多麼委屈啊！

於是，妳沒有離開，讓自己當了第二次小三，

幾個月後，妳偷看手機，發現他女友懷孕了，

如果照他說的，也就是 2 個月唯一的一次，她就懷孕了，

但是，妳還是沒有想要離開，

反正中國這麼遠，他也沒有要離開我啊？

對，他沒有要離開，他是要把她申請來美國，

而且也申請好了，

這下好了，中國到美國只剩下一張機票的距離了，

她來了，他就是一個家庭的主人，

妳就變成「妨礙家庭」的女人了。

從頭到尾，

妳始終沒有當過一天正牌「女朋友」，

不是一次小三、兩次小三而已，再來就是妨礙家庭。

而且從一開始到現在，他也從來沒有要跟他女友分開，

同時擁有兩個女人，兩個國家都有愛可以做，

女友懷孕即將生產所以申請來美國，

他人生裡所有的計畫，都沒有包含妳，

妳竟然問我「妳應該放手嗎？」

如果妳認為現在的日子太無聊，

未來需要跟一個有兩個女友一個小孩的男人繼續消耗，

誰能幫妳？

病歷號：	科別：	性別：
NO.36	分身術	女性

問 診 紀 錄

Age 24

我 24 歲，已和男友交往 4 年多。

前幾天去了生平第一次去的夜店，有男生搭訕，讓我有點回味那感覺。但去夜店的事沒讓我男友知道，本身也有一位男性朋友 4 年來對我一直有好感，想和我發生關係，雖然他説我沒有和男友分手前他都不會進來，但其他的都做了，我一直告訴自己這樣算劈腿。

我真的很愛我男友，順利的話過幾年就會結婚，但我在感情上卻又想要有點刺激，為什麼我會這樣呢？因為還沒結婚所以可以將這樣的行為合理化嗎？

離開妳男友，妳不配擁有他。

感情上的自制力，來自兩股力量。

一股力量來自對方，他可以給妳的安全感、信任、與愛，也就是說，他這麼好，我一定要管好自己的行為，別讓他擔心了。

另一股力量就是自己，為了能夠保護這份愛，珍惜這個人，所以我要**克制自己一些貪心的想法**，兩股力量到齊了，自己才不容易在感情裡出錯，缺一邊都危險。

但是，大部分的人，都會迷失自己的那一邊，當對方給予十足的信任與安全感的時候，心裡面貪心的惡魔角，就會慢慢長出來。

與男友交往了 4 年多的妳，第一次去夜店，就對素昧平生前來搭訕的男生回味無窮，從沒接觸過酒精音樂社交場合的妳，在擁擠的空間被陌生男生獻殷勤，妳覺得有點新鮮，有點受寵若驚，這可以理解。

接下來，妳說身邊有一位同樣認識 4 年的男生朋友一直很喜歡妳，然後除了插入其他都做了？這我就不理解了，妳如果沒有喜歡他，會讓他這樣？

而沒有插入的原因只是「**妳還沒分手**」，更可怕的是，妳交男友多久，妳就跟他摳摳摸摸多久，妳覺得，妳男友應該為這個堅持起立鼓掌嗎？妳問自己這樣算不算劈腿，難道這還需要懷疑？

妳說順利的話過幾年會結婚，我不懂妳的順利指的是如果在婚前持續回味夜店搭訕哥、持續曖昧 4 年摳摳哥、持續保持對刺激的飢餓，都沒被發現的話，妳就會走進婚姻，是嗎？

如果這就是妳說的順利，趁早放開那個男孩吧！
妳的心理、生理、行為，沒有一樣有自制力的。

要玩，就單身好好玩，要愛，就沒資格玩。

處方籤 ⑮

愛情不是分離式冷氣，
只能一對一，不能一對多。

對象單一都不接受，談愛情就有得受。

處方箋 ⑯

無良安慰

他的婚姻再慘,都輪不到妳安慰,
否則,你只會讓他的婚姻更慘。

病歷號：	科別：	性別：
NO.37	無良安慰	男性

問 診 紀 錄

Age 27

您好！我今年 27 歲。最近遇到了各方面都合適的對象，但問題在她有男友。她男友一開始就懷疑我和她的關係有曖昧，不准她和我聯絡，最近他開始會對她動粗，很多次我要她去報警或是讓我出面，她都不想，說因為她先背叛了他。所以沒辦法先提分手，想先疏遠他，等關係遠些再分手。但我擔心她的安全，也不想她因為我而被她男友傷害。應該怎樣讓她早點解脫呢？

早點解脫？
你離開她就是幫她解脫啊，她被打還不是你害的。

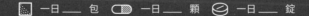

🔲 一日＿＿包 ⬭ 一日＿＿顆 ⊘ 一日＿＿錠

「騎士精神」這個詞源自中古歐洲，

代表一種對道德自律，對婦女尊重的紳士品格，

並且充滿了鋤強扶弱，捨身救贖的偉大情懷。

以現代人冷漠的程度來說，

擁有這樣特質的男生，並不多。

我很高興，也很樂意見到

像這樣看到女生受欺負會想挺身而出的騎士，

但前提是目的性必須是純潔簡單，才算得上崇高。

你喜歡上一個有男友的女孩，算不上純潔，

她有男友卻也沒放棄跟你曖昧，一定不簡單，

至於害得她被男友懷疑並且動手這件事，

一點也不崇高。

你自以為你的公主被困在裝著猛獸的牢籠裡，

試著穿上鎧甲想與猛獸搏鬥，

但是你出鞘的劍，卻充滿了私心與羞恥，

因為你才是真正讓公主被欺負的原因啊！

然後公主提出了一個屠獸計畫，

為了怕猛獸起疑，所以先跟你分手，

乖乖在猛獸身邊一陣子之後，再跟猛獸分手，

然後再跟你在一起，多完美！

只要猛獸智商是 0，就一定成功的！

許多故事裡的公主，

從此都過著幸福快樂的日子，

但是對象，卻不一定是騎士！

這位騎士，收起你的劍，

去找尋完全屬於自己的幸福吧！

病歷號：	科別：	性別：
NO.38	無良安慰	男性

問 診 紀 錄

Age 35

我 35 歲，去年離婚後我認識一個女生，她結婚了，但常跟丈夫吵架，丈夫還動手打她，她會跟我分享她的心事跟每次吵架想離婚的事，漸漸的我愛上她。

最近她老公因為一些原因入獄，因此我有些急迫想跟她在一起，她有對我說過讓她想想，不想做出錯誤的選擇，可每次她跟老公見面後，她跟我的感覺就冷淡了幾分，最近我逼太緊，讓她喘不過氣，對我說她跨越不過心裡那道牆，我是否該繼續喜歡下去等她離婚？

▨ 一日＿＿ 包　◖▨ 一日＿＿ 顆　⊘ 一日＿＿ 錠

大隊接力，一棒接著一棒，努力衝刺完自己的部分，中途雖然有人跌倒、掉棒，也許氣喘吁吁，也許擦傷破皮，但是直到比賽完成，所有人一起享受勝利的果實，再真實、再感動、再甜美不過了！

但是感情，不能像是大隊接力，只能**兩個人，用自己的節奏，好好地把人生跑完**，中途換了伴侶，腳步一定會亂會不習慣，這時候就該慢下來重新調整呼吸跟步伐，接下來的感情路才會順利。

你剛結束一段婚姻，人生剛剛少了一半重心，卻看上了別人的太太，並且以一種極度壓迫的態度，想要進入她的感情世界。

也就是說，你剛剛失去太太沒多久，就希望另一個太太失去她的先生，這故事一點都不浪漫，而是顯示出猴急、盲目、沒有同理心。

也許，一開始你確實同情她的處境，並且為她抱不平：「丈夫怎麼可以對太太動手？」

但這個同情心卻變質成：「別管丈夫了，讓我當你的男人吧！」

如果你跟她真的有共同的愛，你跟她必須面對身邊所有人的疑問，以及一個在監牢裡崩潰的丈夫。這不但沒有解決問題，反而產生更多問題，那麼你們的愛，最好是大到可以一起承受這些壓力，只可惜目前看來並不是如此。

每次探望過獄中丈夫，她就會被理智拉回婚姻裡一點，別怪她對你冷淡，因為現階段的她根本不該對你熱情，你應該感謝她的理智，證明她還算有思考對錯的能力。

當然，愛的本身是沒有錯的，錯的是兩個人的立場、身分、時機。她有一個爭吵不休，曾經動手打她，現在在監獄中的丈夫，已經忙得上氣不接下氣了。**就算她的比賽確定要中途更換選手，你，是不是也該讓她好好的喘口氣？**

處方箋 ⑯

他的婚姻再慘，都輪不到妳安慰，
否則，你只會讓他的婚姻更慘。

一直告訴別人自己的婚姻有多糟糕，

這種人最糟糕。

處方箋 ⑰

破壞王

不論他（她）跟另外一半有多不好，
他（她）就是有另外一半的人。

病歷號：	科別：	性別：
NO.39	破壞王	男性

問診紀錄

Age 33

我今年 33 歲，跟前女友分手已經幾個月了，交往四年，當初我因為她而離婚，兩個人由最初的不被看好到後來得到大家的祝福，但最後還是因為她的劈腿而終結了這段感情。

分手後我們還是會聯絡會見面，我們都放不下彼此，她跟我說她最愛的男人是我。

平常工作上遇到問題她會打電話給我問一些公事，假日就比較不會聯絡我。

我很愛她，我還有機會挽回嗎？分手之後有可能只當好友嗎？

怎麼？當初她破壞你的婚姻，現在你要破壞她的感情是嗎？

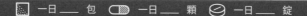

▦ 一日＿ 包　⬭ 一日＿ 顆　⊘ 一日＿ 錠

問 診 紀 錄

Age 33

所以我都不要聯絡她就當陌生人嗎？當她
有問題困難找我時也不要理她嗎？

跟她一起走過這幾年風風雨雨、刻苦銘心
是我和她都無法忘記的，難道感情世界裡
真的沒有天長地久和真心相愛的嗎？

我破壞她的感情？她現在的那個男友也是
破壞我這段感情的兇手啊！

但是她現在就是有男友的人，你想挽回
不就是要她再結束一段感情？

從她影響你的婚姻到現在，戲還要演多
久？

你為她離婚，結果她還不是劈腿，現在
又說愛的是你。

你甘願，就去給她繼續操控你的人生，
後果自己承受。

以上。

🟫 一日＿＿ 包 💊 一日＿＿ 顆 😖 一日＿＿ 錠

你的女性朋友感情出了問題，在你面前表現出脆弱的一面，不管是實質的安慰或是言語上的鼓勵，你都應該**差不多就好**。

尤其正在情海裡受傷的人，看到有人願意垂憐、傾聽的時候，會盲目的像溺水的人抓浮木一樣，對你產生莫名的好感與強烈的依賴，雖然說對你似乎不代表什麼，只是小事，但是對她來說，卻是胡亂投射英雄救美情節的愚蠢開端。

於是，在她真正的感情問題都還沒有搞定前，她卻不自知的已經把一部分情愫轉嫁到你身上；當你分不清楚她在你面前的淚水，是為了即將結束的情感，還是對你產生了情感，卻也因為楚楚可憐的她，引發了男性天生救贖的力量。

陪她療傷，聊天，吃飯，同進同出，直到她沒有這麼痛苦，這麼難過了，一切看起來都很合情合理的時候，你也許會想：我應該就是她下一個對象了吧？
然後，突然的，她開始避不見面，電話不接，甚至已讀不回，怎麼會這樣？你想，一切不是好好的嗎？
是啊，沒錯啊，一切都好好的啊！

但是是指你當**替身演員**這件事好好的。

現在她身邊原來的主角要回頭了，有時間陪她繼續把愛演完了，或是她身邊出現了令她更心動的新角色了，你，就只是個坐在地上祝福揮手的那個傻子而已，等到下次她再次帶著一顆傷心、兩行淚水出現在你面前，相信我，你還是會不顧一切的想要再陪她一次，然後，就看看你可以陪她幾次吧？

當初你為了她離婚，在一起之後她劈腿你為了她難過，現在她有男友但是說最愛是你，為了她你還要偷偷聯絡？

這不是愛，只不過是一段被操弄的感情罷了。

呼叫性天使

病歷號：	科別：	性別：
NO.40	破壞王	**女性**

問診紀錄

Age 36

喬志您好，我 36 歲，是個離婚自己帶孩子的單親媽媽，他是個結婚多年目前仍沒孩子的男人。我們是公司同事，我曾經跟他說過，我會離婚是因為有小三的介入，所以我不可能會變成破壞別人感情的人，只是最近他向我透露遲遲沒孩子的原因其實是他們夫妻間幾乎過著無性生活！或許對一個正常男人來說是一件非常痛苦的事情？我其實不了解他跟我說這些話的心態是什麼，真心把我當好朋友傾訴心聲？還是另有弦外之音？

⬛ 一日＿＿包　⬭ 一日＿＿顆　⊖ 一日＿＿錠

跟異性聊天的禮貌與規矩，

多少會因為身分、角色的不同，

在尺度上有所進退。

單親媽媽跟已婚男子，

這兩個身分的對話，就耐人尋味了，

一個，是好不容易從婚姻泥沼中獲得自由；

一個，是下半身陷入婚姻泥沼，眼中卻嚮往自由。

除此之外，你們是同事吧？

同事之間有些事可以訴苦，像是：

「我的老闆不是人。」

「我這組只有我在做事。」

「加薪又沒加到我！」

但是，「我跟老婆幾乎沒有性生活」？

這樣講，是想引導話題去什麼地方？

是要不經意的透漏自己的性苦悶？

還是想啟動妳的母性，幫幫他？

再來說說妳，

妳告訴他：「不可能破壞別人感情。」

因為妳的上一段婚姻是小三介入，

這樣說得很清楚，起碼我也認為妳是清醒的人，

不會讓自己變成那種自己討厭的人，

也許是妳感覺到了，

妳跟他好像比同事多了點什麼，

所以先端出警告標誌希望對方死心。

但是他還是在妳警告他之後，

透漏了沒有性生活這件事，

這代表他依然不放棄想試探有沒有一親芳澤的機會，

但是也沒有要放棄家庭的意思。

這樣說吧！

如果今天是一個不熟的單身男同事跟妳說他沒有性生活，

妳一定覺得噁心死了，干老娘屁事啊！

就因為他是有婚姻的，願意跟妳分享很多事，

標準就可以降低？

除非，妳也對他有其他想法，

不然，請結束，避開這種類似話題。

他是已婚男人，

他的性苦悶只有一個人可以解決，

就是他太太，

那是應該，是必須，也是義務。

他會這樣跟妳提，代表他不是功能壞掉，是有需要，

既然他還有需要，又不跟太太，

那這幾年誰是他的性出口？

想都不敢想。

至於妳說他是真心當好友傾訴，

還是另有弦外之音？

我認為他是很真心的希望妳，

聽到他的弦外之音——

他需要的是性天使，妳是嗎？

處方箋 ⑰

不論他（她）跟另外一半有多不好，
他（她）就是有另外一半的人。

簡單說，就是從妳心疼他的感情那一刹，
就已經開始幫倒忙了。

處方箋 ⑱

已婚勿擾

婚姻的意義是：「你很好，但是我結婚了。」
不是：「你很好，等我回去離婚。」

想清楚，再結婚；結婚後，想清楚

病歷號：	科別：	性別：
NO.41	已婚勿擾	男性

問診紀錄

我結婚了，跟老婆感情很好，公司一年前來了個女孩，一開始我也不以為意，就當一般同事相處，因為已經結婚的關係，在互動上我一直很小心，她的個性算熱情奔放，外表也不錯，身材也蠻好，膚淺了不好意思，但最近我好像愛上她了，怎麼會有這種感覺，我真的是很白痴，什麼都還沒發生內心就一堆罪惡感，再這樣下去好像會發生事情，她該離職嗎？還是我請辭？

你給我回去好好抱抱你老婆，然後把對同事的想法給斷了，聽到沒？

📭 一日＿＿包　💊 一日＿＿顆　⊖ 一日＿＿錠

一張紙，承諾一輩子，這是對於家庭渴望的人。

只會承諾一輩子，卻沒見一張紙，這是完全不想結婚的人。

在走進禮堂之前，認清楚自己對婚姻是什麼樣的態度，還有認清楚自己的另一半對婚姻是什麼態度，真的太重要了。在交往過程中，隨時檢查更新兩個人對結婚這件事的狀態，真的比結了婚之後才問自己「這婚姻真的是我要的嗎？」有用太多。沒有遲疑，沒有誤會，沒有對彼此在婚姻目標上有誤解，這個婚，才有結的意義。

只可惜，有很多人，卻以為自己是渴望家庭，結了婚以後才發現自己根本誤會，接著就會開始想從婚姻裡離開、閃躲、脫逃。

以前常有人說「結婚是一股衝動」，但只適用在交往過程中累積了有 80% 共同未來默契的情侶，而不是在只認識了彼此 20%，就拿「婚姻衝動論」來當成一種覺得浪漫的行徑。

婚姻更不應該是在朋友慫恿、家長催促下一種意氣用事的後果，真正在走進婚姻前，請問問自己，到底對婚姻的看法是什麼？

牽著對方的雙手，結兩個人想要的婚，愛到老，並且深信

不移，許下承諾之後，**忠貞與信任就是保持婚姻純淨最好的祕訣**，違背了忠貞與信任的婚姻，將會只剩下假象而容易瓦解。

現在，你的同事不管長得再正再好看身材再好，都跟你沒關係，你只要有其他想法，就代表你已經說了「你跟老婆感情很好」這個謊，當然，我知道你一定早就在心裡把女同事從頭到腳想過一遍了，不然不會**什麼都沒發生就有罪惡感**。

很高興，罪惡感還占據你一些理性，讓你目前只用想的，既然腦袋還會想，就想想婚禮上交換誓詞的那一刻，你跟夫人臉上堅定，感動，又快樂的表情吧！

想完了，就把腦中幻想同事的那株芽給連根拔除，她不用離職，你也可以繼續工作養家，省去所有麻煩的關鍵，就在動念之間。

當初，是想清楚了才結婚，
現在已經是結了婚的人了，做什麼，都得想清楚！

病歷號：	科別：	性別：
NO.42	已婚勿擾	男性

問 診 紀 錄

 喬志兄您好，我已婚，與太太有一個可愛的孩子，我在工作場合認識了位女同事，由於互動頻繁，我竟在精神上出了軌，在我發現釀成大錯之前，我急踩住煞車，斷開這不該的一切，並將這一切埋藏心裡。但若要人不知，除非己莫為，精神上出軌的事終究被太太知道了，她很傷心難過，看她哭紅雙眼，我心疼得滿是悔恨，她說即使是精神上的出軌也是背叛的行為，我承認我的錯誤，我極力的想彌補對太太的虧欠，她在家照顧孩子並打理家中的一切，而我卻在精神上背叛了她，她說再也不相信我了，但我真的知錯了，我很愛我的太太，我該怎麼做去彌補太太的虧欠？我真的悔不當初，因為我的行為而傷害了愛我的家人，我好後悔！

說完了，也錯完了，用接下來的日子好好照顧家人吧。

▦ 一日＿＿ 包　◖▨◗ 一日＿＿ 顆　⊘ 一日＿＿ 錠

每個人都應該有機會，把自己做錯的事彌補好，但是先決條件是，**對方願意給你這個機會彌補，而不是怪對方怎麼不給你機會。**

通常，會讓兩個人爭執不下的原因，就是這個，
一方覺得「奇怪欸？妳為什麼不再給我一次機會？」
一方認為「好笑咧！我為什麼要再給你一次機會！」
犯錯的人，如果在這個時候還要責怪對方不願意給機會，
那麼你就真的一點也不值得原諒了。

再說「彌補」的定義，其實很空虛，說穿了，不過就是做了很多很多極力討好對方，但是實際上對修改犯錯本身一點幫助也沒有的事。
因為，有些你犯的錯，根～本～沒有辦法補救，只好裝乖裝積極，並且隨時帶著鞋貓劍客無辜大眼，拉長了時間等待對方消氣而已。

所以，乾脆不要彌補，也不要給對方機會彌補？

不，想彌補，或是想看做錯的人怎麼彌補，最重要的不是在「他為了彌補到底做了多少事」，而是「他在做這些事

的時候用了多少心」。

他是不是真的認為自己錯了？

他是不是會為了差點失去妳而緊張？

他是不是做這些事甘之如飴，還是怨聲載道？

他是不是很享受，很珍惜這第二次的機會？

從這些細節，就可以很明顯的分辨出這個機會，給得值不值得了。

總之，想要彌補的人，**請先確定自己到底是真的愛對方而彌補，還是只是彌補自己讓別人傷心之後的罪惡感。**

想要接受彌補的人，也請記得，你有過機會可以離開這個傷害過你的人，如果再被同樣事情傷害一次，除了恨對方，更會恨自己。

現在，你了解「彌補」的意義了？

用未來好好彌補，讓你的家庭變得更完整吧！

處方箋 ⑱

婚姻的意義是：「你很好，但是我結婚了。」
不是：「你很好，等我回去離婚。」

這個人會為了妳離婚，
以後就別怪他為了別人跟妳離婚。

處方箋 ⑲

停損點

想挽回，先聆聽。

請尊重對方想停止，而不是執著自己想繼續。

病歷號：	科別：	性別：
NO.43	停損點	男性

問 診 紀 錄

Age 28

我 28 歲，第一次遇到了很喜歡的女生（外表、心靈、相處）。我常帶她騎車或開車到一些私房景點、聽演唱會，好多人一起瘋狂，也談論著工作、生活、未來，亦是同事，像朋友慢慢建立感情，在一起彼此好開心真的。

問題是這樣，她比我年長幾歲，有幾段不開心的過去，造成目前總是說著：「現在不想談感情，不知道什麼是愛，想要一個人。」

我告白過一次失敗，她說我真的很有心有誠意，然後接上面常說的一串，打槍！但我們的關係沒有改變，反而更了解對方。

我想是不是就維持好目前特別的朋友角色，靜靜等她想通呢？

🔲 一日___ 包　⬭ 一日___ 顆　⊖ 一日___ 錠

常常在電影裡面看到很多很精彩的雙人舞，爵士的優雅、騷莎的火辣、倫巴的熱情、恰恰的調皮……，在兩個舞伴精密配合的節奏與默契之下，每個踏步，每個眼神，優雅又充滿力道的進退都恰到好處，才有機會博得滿堂喝采。雖然比賽總是有輸有贏，但是對所有完成自己辛苦練習的每一對選手來說，那建立起來給舞伴的，是貨真價實，誰也取代不了的信任與情誼，這，才是比賽真正迷人與珍貴的地方。

談感情，跟雙人舞差不多，一段美好的戀情，就像是一首動人的舞曲，完成它、成就它，需要兩個人**完全給予對方的信任與付出**。

每一次見面、對話、互動、相處，都必須把對方當成是當下最重要的人，仔細地聆聽，專注目光的接觸，感受細微的肢體接觸，這樣才不會錯過對方給你的每一個回應，是害羞？是害怕？是拘謹？是自在？是好感？還是反感？收集了這麼多的訊息，才能避免誤認了對方的情緒而踩錯了感情的步伐，如果對方跟你有一樣的共識，即使在戀情中碰上了問題，也總是可以站在對方的立場，感受對方的難處，並且一起面對解決。

就像是為了奪標，努力練習中的舞伴，就算不小心踩到對方的腳，也會對視而笑，調整彼此節奏，繼續練習，因為在他們心中都知道，在奪標前，必須為了彼此，把自己調整到最佳狀態，完成美妙的舞曲。

現在，你碰到的問題，也許就是沒有好好感受她想要的節奏，只是用自己的節奏，想完成兩個人的戀曲，這樣不踩到腳才怪！

她不只一次說「現在不想談感情，想一個人」，我都看到了，你聽到了嗎？

病歷號：	科別：	性別：
NO.44	停損點	男性

問診紀錄

等了女友前後三年了，途中她有交男友。現在她處於分手狀態，這段時間我們都還有在聯絡，她總是說看不到我的改變，問題是她連機會都不給我，喬志哥有何看法？

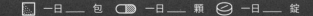
▨ 一日＿ 包　◖▨ 一日＿ 顆　⊘ 一日＿ 錠

我相信，這三年來你一定認為，

她有一天會再回到你身邊，

所以你還是在文中稱她「女友」。

我相信，這三年你也從不放棄想挽回她，

即使她也交了男友，你仍然堅持初衷。

現在，她終於又單身了，

這對你來說是一個天大的好機會，

你想使出渾身解數，挽回這個曾經是你的女孩，

我相信，這三年來，你做了所有努力改變自己，

為的也就是給她一個全新的，符合她的條件的你。

於是你抓住這個機會，只想讓她看一看你也好，

我相信，現在的你，可是為了挽回她而量身打造的呀！

我相信，我真的相信一個人可以

久久守候一個等不到的人，並且無怨無悔，

但是如果對方早就願意放下自己跟你一起經營感情，

又哪裡來的久久守候呢？

除非，對方已經不在人世，

否則，這種看來痴心絕對的浪漫，

真的就只是你不懂得接受被拒絕的誤會一場而已。

是呀，想挽回要懂得聆聽，

但是不能只聽你想要的是什麼，

而是要**聽她不想要的是什麼**，

如果你說她連挽回的機會都不給你，

那，你應該就是真的沒有聽懂。

過去這三年來，她不想要的，就是給你挽回的機會，

你如果連這個意願也不尊重，

還是想照自己意思要挽回，

顯然，你改變自己的項目裡，

缺了「自私」這一項。

兩方都同意，叫挽回，

只有一方，叫騷擾。

想挽回，先聆聽。

請尊重對方想停止，而不是執著自己想繼續。

聽聽對方要什麼，

不是只聽自己要什麼。

處方籤 ⑳

等不到的人

愛，
不是公車，
不是你在站牌等，它就會來。

病歷號：		科別：		性別：
NO.45		等不到的人		男性

問　診　紀　錄

Age 22

喬志先生，你好，我 22 歲。

我跟我前女友分手 2 年多，分手前我有承諾過要等她 10 年，分手後，一直都有聯繫，她也知道我一直都很愛她。

但是她都沒有表態，男朋友也一個換過一個，請問喬志先生，我該實現我的諾言嗎？

🔲 一日___ 包　　◖▨ 一日___ 顆　　⊖ 一日___ 錠

承諾，只存在目前有效的感情裡，

也就是說，許多承諾，

在分手的那一秒，就會自動解除了，

甚至有許多自己當初對天對地對祖先對未來的承諾，

現在回想起來，除了幽默，

還帶著點**還好沒有實現**的僥倖。

那些充滿情與愛的誓言，

只會在將來回憶起某個片段時，

變成嘴邊的一句「當初我怎麼會對她說出這種話？」

然後你會看著遠方發呆一下，

用 5 秒回想一下心裡酸酸的感覺，

自顧自的搖兩下頭，然後專心回到生活的步調裡。

我們都不是幸運兒，

白雪公主也不見得是白馬王子的第一任女友，

所以如果每次許下的承諾都能實現，

那麼最杜蘭的應該是最後跟你結婚的那個女孩，

因為你除了結婚之外，

還要忙著去實現以前對每一任承諾過的事，

這聽起來，誰都知道不合理啊？

再說，如果每個承諾都實現了，

怎麼會有分手這種事？

應該是一段感情恩愛到底吧？

你對前女友許下了等待 10 年的承諾，

現在才 2 年過去，你就問我該不該實現諾言，

怎麼？沒耐心了？再等 8 年覺得漫長是嗎？

承諾是不容許質疑的，

否則根本就只是當初自以為浪漫掛在嘴邊的話而已，

你說，她知道你喜歡她，但是一直沒有表態是嗎？

有啊，

因為你的承諾是 10 年，

所以當然是等到 10 年後才有答案不是？

現階段的她，男友一直換，卻始終輪不到你，

這，不就是最清楚的表態嗎？

病歷號：	科別：	性別：
NO.46	等不到的人	男性

問 診 紀 錄

Age 24

今年 24 歲。大學時期追過不少女生，可是都沒有追求成功過，所以至今還沒交過女友。我一直遵守我自己的原則，喜歡才去追求，追求只會追求一個對象，不會亂槍打鳥。現在的問題是，我很嚮往有女友的感覺，不知道那是怎樣的感覺。

我喜歡上有男友的女生，個性想法一直很匹配覺得很合適，一直想等待她分手，過程中傷了又傷傷了又傷，快沒感覺了，但是還是喜歡。不過那女生最近把我跟她好姊妹送作堆，我不排斥，因為不太熟還不知道個性如何！？

現在我陷入兩難，要遵守我的原則呢？還是試看看跟另一位相處看看呢？

🔲 一日＿＿ 包　◨ 一日＿＿ 顆　⊖ 一日＿＿ 錠

每個人戀愛的原則都不同，

只要不違背愛裡的良善與道德，

我們都應該尊重，但是不見得能全盤接受。

你的愛情原則是「喜歡才去追」，

這點順著自己的心意，值得尊重，

但是被你追的人，不見得一定要接受。

「你嚮往有女友的感覺」

這點說出自己的渴望，值得尊重，

但是**感情不是收集限量公仔，**

不是要「擁有」而是要「體會」。

「你遇到個性想法匹配適合的女生想追求」

勇於追愛，值得尊重，

但是對方是有男朋友的的人，

這點不但完全不能接受，而且看不懂。

感情的開始如果是對的，都有可能出錯，

更不用說一開始就錯誤的感情，是怎樣也對不了的。

你說你一直等待她分手，就可以跟她在一起，

但是她並沒有說分手之後，就一定要接受你吧？

另外，等待人家分手這個心態，

就像是期待別人出事一樣，

如果你真心愛一個女生，

怎麼可以希望她先出事、傷心？

終於，她把她的好姊妹介紹給你送作堆，

你不但沒有排斥，反而還陷入兩難，

那，我看你也沒有你自己想像中的專情吧？

（是不是有人說過不亂槍打鳥的？）

如果，你真的是個遵守原則的人，

又怎麼會問我想試試看她好姊妹呢？

更何況，

如果你所謂的原則是

「喜歡有男友的女生並且等待她分手」，

這種原則，根本不能鼓勵的。

愛，不是公車，

不是你在站牌等，它就會來。

把等待的時間，用來追一個答案，

綽綽有餘。

處方箋 ㉑

替代品

覺得對前一任虧欠，就不應該進行下一任，
否則只是多傷一顆心。

病歷號：		科別：		性別：
NO.47		**替代品**		**女性**

問 診 紀 錄

Age 28

喬志你好，我今年 28 歲，我的 男友一直有跟前女友臉書聯絡的習慣，一開始男友是說因為對方生病，加上自從我男友和對方分手後的一年半一直都持續聯絡，但是最近大吵才從我男友口中知道說他一直放不下前女友，也未曾想放下，因為他說前女友對於他是種責任，他們在一起四年，而我只有三個月，我很愛他，喬志哥，我應該怎麼辦才好？

有革命情感的感情，是不是我怎麼做都不能替代，難道我只能選擇離開？

就算妳要繼續，他也要離開了不是嗎？

💊 一日＿＿ 包 💊 一日＿＿ 顆 ⊖ 一日＿＿ 錠

問診紀錄

Age 28

他說他們不可能在一起了，他放不下她是因為有責任在，至於是什麼責任他沒有說清楚，只是往後不管是我還是他再交任何女朋友，他都堅持要跟這一任的前女友聯絡。

我應該要怎麼勸他，或者就算了？

妳能接受男友自願坐這種前任監獄嗎？

Age 28

無法，我想他也沒想逃獄的打算。他是無可救藥了。

妳要陪他一起蹲？

Age 28

可以不要嗎？

📱 一日 __ 包　💊 一日 __ 顆　⊖ 一日 __ 錠

不管使用任何方式，任何理由，跟前任聯絡，只要是在單身的情況下怎樣都無所謂，但是一旦有了新戀情，還跟前任繼續聯絡，就是不尊重現在的對象，除非必要性的基本互動，不然真的沒有必要太假裝自己可以在分手之後當朋友，起碼，短時間內並不應該太密集聯絡。

我知道，很多人都說「啊就真的只是朋友啊！」
我也知道，也許真的有人可以接受另一半跟前任聯絡。但是想**跟前任做朋友這件事，需要三個人同意，也就是現任、自己、前任，而且不能有任何一方有私心。**

現任有私心，就變成小氣的另一半，自己有私心，就是對前任還有想法，前任有私心，就是破壞人家感情，這種堅強的信任結構，根本就是奇蹟中的奇蹟中的奇蹟（因為有三方，所以要三個奇蹟）。

所以，如果已經在感情狀態下想跟前任保持連絡的朋友，就先看看自己目前有沒有這種信任結構，沒有，又硬要堅持跟前任聯絡，就等著吵架吧？

妳男友從一開始就沒有打算放棄他所謂的「對前女友的責

任說」，現在還大言不慚的提出「與任何人交往皆不中斷與前女友聯絡條款」。這種在戀愛中割地賠款的論調都可以理直氣壯說得出口，當初馬關條約真應該派他去簽的。

他喜歡蹲這種「前任監獄」一表自己痴心絕對的決心，就讓他自己蹲吧？

病歷號：	科別：	性別：
NO.48	替代品	女性

問 診 紀 錄

我的男友在 2 個月前離開這個世界了。

我們在一起 5 年，去年開始我跟他一起同

居住在他家，但他離開後我選擇留下來，

房間裡全都是我跟他滿滿的回憶。

我真的好捨不得離開，只有在這個房間裡

才能感覺到他在我身邊，可是現實中這裡

不是我的家，他的爸爸媽媽都叫我不要想

太多，就安心住下來。但是我的心很不安，

每天都會不停的問自己該離開嗎？

我怕別人說閒話不喜歡我，但是想想一旦

離開就真的什麼都沒有了。我該怎麼辦？

回憶很美，但是一直留在回憶裡，就是
負擔了。

一日＿＿包 　一日＿＿顆 　一日＿＿錠

當上天收回某人的靈魂，卻無法收起其他人的眼淚，我們也許可以說服自己，想像他一定開始了一段光明無比的旅程，但是無法讓悲傷的自己走出灰暗哀傷的房間。

特別是現在，這個房間裝滿了你們的回憶，要妳離開這裡，真的好難好難，因為它們是除了記憶之外，唯一可以證明你們曾經存在的證據，妳如果要痊癒妳的傷痛，就要利用這個房間，首先妳必須好好的用房間裡面所有你們曾經的線索，覆蓋失去他的痛苦，一張相片、一件 T 恤、一張電影票根、一張卡片……每一樣物品勾起的**一點點回憶，都是讓妳好一點點的止痛劑**。

接下來，妳會有很長一段時間過著眼睛濕了又乾，乾了又濕的情緒化日子，只要妳不拿自己生命追隨，痛哭發洩都是允許的。最後，當妳可以看著整屋的回憶，卻只化成心底的微酸還有嘴角一抹微笑的時候，妳就可以關上房門，把鑰匙永遠放在心裡，迎接沒有他的人生。

不急，真的不急，**給自己一點悲傷，在這個時候是奢侈的**，妳現在一定會覺得，離開這個房間就什麼都沒有了，但是，相信我，一陣子之後，妳一定得離開這個房間，才能開始擁有妳的人生。

祝福妳，妳與他的回憶，與妳即將擁有的人生。

覺得對前一任虧欠，就不應該進行下一任，
否則只是多傷一顆心。

帶著抱歉的心，給的愛一定很抱歉。

處方箋 ㉒

情傷復健

療情傷，就像一把不鋒利的剪刀，
慢慢剪總是會斷的。

「而且，過程總是痛得要命」

病歷號： ｜ 科別： ｜ 性別：

NO.49 情傷復健 男性

問 診 紀 錄

Age 37

我今年 37 歲剛離婚，因為妻子的不坦白讓我很難過，所以我提出了離婚。

這段時間我很冷靜地想了又想。妻子說我脾氣始終改不好，我也承認在氣頭上真的很難控制。可是她跟她的客戶出去吃飯好幾次，對方也有家庭甚至大她許多。我猜不透為什麼她要騙我說對方是高中同學。她甚至跟我說我每個月支出都是貸款，沒錢給她過她想要的物質生活，她原本不是這樣的人，可是她現在卻因為錢放棄我、放棄小孩。為了小孩這十幾天來我都很冷靜，可是我怎麼都無法安心入睡。喬志哥，我該怎麼辦呢！？

▨ 一日 __ 包 ◖▨ 一日 __ 顆 ⊜ 一日 __ 錠

結束一段感情，很難，結束一段婚姻，更難。

玩過電玩的人都知道，所有的關卡都解除了，

就是破關。

在兩個人談感情的過程中，不知道要經過多少關卡，

最後才能夠走入感情的最高殿堂，也就是婚姻。

婚姻代表著一生一世，永誌不渝，是愛情的最高榮耀，

也就是說，

不會有比婚姻更需要用心費心去追求的關卡了，

接下來的日子，

將會是兩個人牽起彼此的手，共同創造的未來。

我不曉得現在的夫妻對於

拿到感情最高榮耀這件事情是怎麼看，

就像是一款電玩破關之後，

有些人會反覆地從第一關開始，細細回味，

重溫每個關卡，而且這次可以避開陷阱，享受樂趣；

有些人則是在破關後，

就因為失去挑戰與樂趣，把軟體收起來，

偶爾在櫃子裡看到被遺忘已久的的軟體的時候，

更顯得興致缺缺，忘記它曾經帶給彼此的快樂與感動；

當然，更有些人在還沒破關之前就急著嚐鮮換新遊戲，
始亂終棄。

我想，在這段婚姻裡面，你與你前妻一定有一個人，
是破關以後就懶得再回味當初的感動，
甚至嫌棄這款軟體已經過時了。
至於睡得不安心，
很正常，這代表你真的很在乎這段婚姻。

如果一離婚就睡得超香甜，
不就代表這婚姻早該結束了？

| 病歷號： | | 科別： | | 性別： |
| NO.50 | | 情傷復健 | | 女性 |

問 診 紀 錄

 你好，請問怎樣迅速忘記他。謝謝。

妳當愛情是泡麵？
熱了吃，吃完冷了就丟？

🔲 一日＿＿ 包　⬭ 一日＿＿ 顆　◎ 一日＿＿ 錠

想要療情傷，沒有西藥，沒有中藥，只有時間，而且**一切都要以「慢」為主**。妳得慢慢調整自己的心裡還有身體以及生活，讓自己真正的從裡到外對再次出現在眼前的這個人，不在乎、不心痛、不尷尬，那個時候，才算是放下了。

但是，雖然放下了，卻不可能**忘記**一個人，記憶就是記憶，回憶就是回憶，人腦又不是電腦，沒有硬碟格式化這種功能，除非意外腦部重創，醫學無法挽救，不然，就不要任性地說「**想忘記當初愛得死去活來的那個人**」這種話。

會這樣說，代表妳在一段感情中只貪圖美好的部分，完全沒有承擔感情後果的能力，這種態度不但幼稚，而且不負責任。另外，代表妳否定自己對愛情的價值觀，無法接受自己親自做的決定。

擁有以上特質，是不論換多少男友，感情都不會好的，妳應該做的是，在分手後，把這個人、這段情，好好的，細細的重頭到尾品嚐一遍，留下快樂的部分，溫暖心頭，然後把痛苦的部分，作為下一段警惕。

接下來的感情，才有機會往好的方向走。

處方箋 ㉓

關於家人

在父母說出「你以後就是我們家人」之前，

你就是個外人。

病歷號：	科別：	性別：
NO.51	關於家人	女性

問 診 紀 錄

Age 29

喬志先生你好，我 29 歲，與男友交往四年，目前冷戰中，常因為男友媽媽的價值觀與愛情觀不同而有摩擦。

男友常要我讓步與忍耐，不要計較這麼多，因為生他的母親很偉大！

有次男友母親還打電話洗臉我，說我都花她兒子的錢讓他都存不到錢，問我要不要臉？

但我沒有回嘴，只是默默被洗臉，我們因為這件事大吵了一架，分手了一天，我跪求男友復合，但男友開了兩個條件：

1. 以後出門花費三七分。

2. 兩年之內把學貸還完再來講我們的未來。

我答應他的條件，之後我們這樣過了一段時間，直到上禮拜的交往四週年，男友帶了媽媽煮的飯菜來和我共進晚餐，免不了發了閃文，文章內容說到今天是我們的四週年，謝謝母親的體諒包容與女友的愛，看完這句不知道是不是我太敏感，因此和男友大吵一架

▦ 一日__ 包　⬭ 一日__ 顆　⊘ 一日__ 錠

問 診 紀 錄

後我們冷戰到現在，男友傳簡訊跟我說：
「妳就是這麼愛計較才顯得我母親很大方！等妳跟我媽不再計較後我們再聯絡吧！」
請問我真的錯了嗎？還是我真的太敏感？

她發文哪句惹到妳？

Age 29

這是我和他的四週年啊！不解為何要扯到媽媽？

他希望在文字裡面拉近一點妳們的距離，這樣也不爽？
他的一句話裡面提到兩個對他最重要的女人，我看見了，有他臉書的朋友看到了，請問，妳看到了嗎？

🔲 一日＿ 包 ▭ 一日＿ 顆 ⊖ 一日＿ 錠

去餐廳吃飯的時候，除了價錢氣氛食物好不好吃，最重要的應該還有服務吧？

雖然我們都知道，客人要求服務是理所當然，但是有另一句潛台詞妳一定也聽過，叫做「**千萬別得罪服務生**」，因為得罪了服務生，妳就真的不知道妳得到什麼「服務」了。有時候想想，面對一家餐廳裡滿滿的客人忙一天，也真的夠辛苦了，所以如果心裡有什麼不滿意，也盡量試著得理饒人，避免雙方傷和氣。

其實有時候，妳尊重她的工作，她自然就會尊重妳這個客人了，原本美好的一餐，變成雙方劍拔弩張，一點意義也沒有。

男友的媽媽，就是服務生。

這個家，就是餐廳，更辛苦的是她還同時是老闆還要端盤子，為了這個家，把孩子養大，忙進忙出辛苦了一輩子，然後她為什麼要為了一個兒子帶回來的女客人，改變她的愛情觀、金錢觀、還有人生觀？兒子如果是這家餐廳的常客，妳也不過是他帶來吃過飯的眾多者之一罷了。

媽媽也許為了每次誰付帳這件事對妳有點意見，但是從吃

飯分帳、學貸沒還完這些事看起來，媽媽也沒說錯啊？

現在，男友因為妳每次去這家餐廳都跟服務生起爭執，貼心地買餐廳外帶到妳家陪妳過4週年，結果妳菜都還沒吃，就不爽做菜的人。姑且不論她是不是妳男友的媽媽，她也算是個長輩吧？

男友臉書 po 文，說謝謝最重要的女人幫他燒菜，未來最重要的女人陪他吃飯，這是幫妳跟媽媽拉近距離最好的方式了，生氣點在哪裡？

如果，妳想長久留在這家餐廳吃一輩子的飯，請妳先學會尊重這家餐廳裡最無怨無悔資歷最深的員工吧？

病歷號： ｜ 科別： ｜ 性別：

NO.52 關於家人 女性

問診紀錄

Age 24

> 喬志哥你好！我女生 24 歲，男友 38 歲，離過婚帶著兩個小孩，已交往三年，我很愛他，但是父母一直不是很贊同，我們都在一起 3 年了，父母還是不認同，時間久了他們會接受他嗎？如果永遠不會，我是不是應該現在放手？

> 自己的感情，自己負責，妳如果因為父母不接受，妳就放手，代表這段感情也並不是這麼重要。

Age 24

> 謝謝喬志哥！我明白了！

🌫 一日 ___ 包　💊 一日 ___ 顆　⊘ 一日 ___ 錠

所有的父母都一樣，當自己的孩子説出「媽，爸，我最近遇到一個不錯的人……」這句話做開頭的話題的時候，父母的世界就要崩潰了，因為這毀滅性的一天，終於要來了，也就是「我的孩子戀愛了！」更何況當孩子願意説出來的時候，通常該發生的都已經發生了。

就算從出生第一天起，父母就知道有一天妳會長大，對長大的妳，還有未來，早就想像過千百種畫面，但是這些畫面，絕對不包含有一個別人家小夥子壓在妳身上的畫面。也就是説，這些畫面他們永不解鎖，因為想到，就會不能接受，不舒服，這個小夥子不管是誰，他都有可能，或是已經進入妳的生命，或是身體，然後讓妳的身體再誕生一個生命。

對父母來説，**這輩子最重要的兩個課題**，一個就是生下妳，另一個就是把妳嫁出去。
生妳的那關解決了，那，嫁妳這件事就會變成更重要的事啦！既然這麼重要，他們會變得格外謹慎、挑剔、難取悅，甚至無法溝通，為了自己女兒可以嫁一個「不太壞」的人就好（抱歉這是低標），所以一切父母表現出來對孩子另一半的輕佻、傲慢、不合作、難相處，就很～合～理～

了～。因為在他們真正接受他成為妳們家的家人前，他就是一個十足「外人」的路人甲。

特別是對女兒的父親來說，不管是男朋友、老公、妳孩子的爹，在他眼裡就是「來上我女兒的人」，最好是人生清清楚楚，身體乾乾淨淨（抱歉這也是低標）。

現在，24 歲的妳，男友 38 歲離過婚有兩個孩子，我想妳一定已經想清楚以後要跟他結婚。

然後當兩個孩子的後媽，然後他會跟他前妻見面，

然後前妻會要來看孩子，

然後妳會想有自己的孩子，然後他說他已經有兩個孩子，

然後妳會開始怨恨為什麼不能有自己的孩子，

然後開始不把他的孩子當孩子，

然後他的孩子會嗆妳因為他們不是妳的孩子，

然後妳就認為妳做再多也比不上他以前的妻子還有孩子，

然後妳就會不想再做他的第二任妻子，

這些，妳一～定想清楚了。

但是妳怎～麼期望妳父母也想清楚呢？

處方箋 ㉔

單親的幸福

單親，不是沒有追求愛情的權力，
但孩子的未來與幸福只能依賴妳。

病歷號：	科別：	性別：
NO.53	單親的幸福	**女性**

問 診 紀 錄

Age 35

你好！我今年 35 歲，有過一段婚姻和兩個小孩，去年離婚，還沒離婚時就背叛婚姻亂搞男女關係，離婚後有交男友，男友知道過去的我，他說離過婚和生過小孩不可恥，是不檢點才可恥。

我愛這男人，我也想要改變，可是他說我們已經不可能了，我好後悔以前做過的事情，他說我已經被人貼上不檢點的標籤，永遠要這樣過一輩子，很難有人真心的愛妳，還說不可能從不檢點脫離。

我一直很難過，因為從愛的人口中聽到難聽的言語，我一直想死，我知道死無法解決任何事情，可是就是壓抑不了。我有在想是否要離開傷心地，可是離開這，我能去哪？我該如何走出來？每天上班上到都在哭，好想安靜離開世界，又放不下對他的愛。

他說我沒權力傷心難過因為是我自找的，我該怎麼辦！

▦ 一日＿ 包　◖▨◗ 一日＿ 顆　◎ 一日＿ 錠

問 診 紀 錄

妳孩子幾歲了？

小一和小三。

Age 35

他們的老師分別叫什麼名字？

老實說我不知道，不是個好媽媽，只知道班級學校。

Age 35

那就想辦法做個好媽媽，方法有很多，猛談戀愛忽略孩子顯然不是選項之一，還有什麼問題嗎？

沒有，謝謝。

Age 35

▦ 一日＿＿ 包　◖▨▨◗ 一日＿＿ 顆　⊘ 一日＿＿ 錠

我們從第一次看到喜歡的人，心跳掉一拍那一刻開始，就開始走上感情這條路，只不過有些人早一些，有些晚一些。但是不論自己的的感情狀態是什麼，單身、分手、交往中、已婚、離婚、單親中……這麼多的狀態背後都隱藏著一個問號：

「我是不是還有愛的資格？」

這句話會不停的在每一個階段，質疑著自己愛與被愛的能力，但是這個「愛與被愛的能力」在每一個不同的階段，都有著不同的意義。

當你是單身，這句話可以督促你遇到下一段愛情；

當你在交往中，這句話會提醒自己付出與被愛有多幸福；

當你結婚，這句話讓你印證愛情開花結果。

但是當你離婚，是單親父母的時候，解讀這句話就要小心了。因為當你是單親父母，很顯然的代表你有孩子跟在你身邊了，愛，與被愛的「對象」就不是急著找下一個人，而是，孩子。

正因為自己決定，已經讓孩子不得不跟著大人一起面對少了一半的父母，所以，請你也認清楚這個事實，並且給孩

子雙倍的愛。

你說，你慌張，失去了婚姻，但是，孩子，才應該是最害怕的吧？

在這段不完美的婚姻關係裡留下來的你們，最需要彼此的信任，緊緊的依靠，還有無懼的愛，有了這些，這個單親家庭才能勇敢地下去，而且說不定比一般吵鬧不休、貌合神離的家庭還要堅強許多。

我不只一次收到單親父母想談戀愛的問題，也不止一次用「你記得你小孩的老師叫什麼名字嗎？」來回應這樣的問題，遺憾的是，大部分的單親爸媽都沒有辦法及時回應，那麼，這樣的父母能給多少愛跟注意力，就可想而知了吧？

單親父母們想談戀愛當然可以，但是請找一個支持你、愛你的全部的人。

如果把孩子拋在腦後，還把自己放在偶像劇般錯綜複雜的感情裡，那麼，你即將失去的，是愛孩子，還有被孩子愛的資格！

單親，不是沒有追求愛情的權力，
但孩子的未來與幸福只能依賴妳。

單親父母的幸福還有很多選擇，
但是孩子幸福的唯一選擇，是你們。

處方箋 ㉕

完整的定義

「一個完整的家庭」，
不一定擁有完整角色，
而是要擁有完整的愛。

病歷號：	科別：	性別：
NO.54	完整的定義	**女性**

問 診 紀 錄

Age 36

喬志先生

我 36 歲有一個小孩，和先生準備要離婚⋯⋯只因他說這幾年婚姻的爭吵已磨光了愛情，他不愛我了⋯⋯我很傷心，唯一慶幸的是孩子歸我，至少我還有這個孩子。

只是⋯⋯我很茫然，婚姻不就是變成一家人嗎？沒有感情就真的必須離婚嗎？但沒有感情的婚姻留著也很哀傷。我該如何鼓勵自己呢？喬志先生請幫幫我⋯⋯

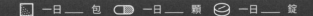

一日＿＿包　　一日＿＿顆　　一日＿＿錠

離婚最直接的解釋，就是「離開婚姻」。離開婚姻的原因千奇百怪，但是基本精神不變：就是**不想了、不要了、我不幹了**。

許多人天真的以為「離婚」可以解決一切，事實上，它只是難題的開始。離婚後，對情感信任的重建；離婚後，面對生活能力的考驗；離婚後，仍然必須為了孩子負該有的責任；離婚後，身邊的親朋好友如果不諒解，壓力會很大；離婚後，身邊的親朋好友如果很諒解，壓力會更大；別懷疑，男女雙方都一樣要面對，流著你們的血，卻漸行漸遠的骨肉。

虛弄了所有當時結婚曾給你們真心祝福的每張笑臉，還有一場現在看來愚蠢至極毫無意義的婚宴。

如果妳已經狠心決定，如果妳已經被迫接受，那麼就永遠的，不帶後悔的離開，一旦後悔，帶來的傷害將不只百倍。妳必須從簽下字的那一秒起，展現「為母則強」的奧義，不論孩子歸誰，不論家裡少了父親還是母親，剩下的那一個角色，必須努力付出，填滿缺了的那份愛，並且別急著開始新的感情生活。因為妳要滿足的是孩子缺乏的愛，不是妳自己的。

簽字前，多想想吧！

病歷號：	科別：	性別：
NO.55	完整的定義	女性

問診紀錄

Age 20

兆志哥您好，我父親 43 歲，長相帥氣，異性緣一直不錯，而我是他的 20 歲獨生女。20 年前母親懷了雙胞胎，因為生產時出了點狀況（父親只告訴我這麼多），和我無緣的妹妹一起離世。

我只想知道為什麼父親至今都不願再娶也不願交女友。我很愛他，很希望他能有個伴。

也許，這 20 年支持他的，就是他心裡守著一個美麗的承諾。

多陪陪爸爸吧？

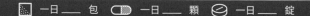

🔲 一日 __ 包　💊 一日 __ 顆　⊘ 一日 __ 錠

作子女的，

最無助的時刻，莫過於，

看著自己最親的人受傷。

看得見的傷口，我們可以細心包紮，

但是看不見的呢？

當親人承受刀割般心碎的同時，

我們到底能做什麼？

20 年前，妳的父親因為延續下一代的生命，

失去了生命裡非常重要的兩個人，

那種痛，除非自己經歷，

不然任誰都沒有資格說懂。

不過，

父親並沒有放棄自己，也沒有忘記生命留給他的奇蹟：

就是妳。

這 20 年來，他必須負擔起 3 倍的愛與勇氣，

並且帶著媽媽跟妹妹的眷顧，

紮紮實實的把妳扶養到燦爛的雙十年華，

也許對父親來說，這就是最完整的家了，

人很偉大，可以因為一句對愛的承諾，堅持一輩子，

妳，看見了父親的堅持了嗎？

處方箋 ㉕

「一個完整的家庭」，

不一定擁有完整角色，而是要擁有完整的愛。

給孩子完整的愛，

比給他新爸爸新媽媽來的重要太多了。

女生戀習題

✹ 這就是男人之不負責任快問快答 ✹

「為什麼我男友很兇，但是好的時候真的對我很好呢？」

男人要是真的好，就是什麼時候都對妳好，沒有在分什麼時候的好嗎？

「怎麼能讓前男友後悔離開我？」

他要是懂得後悔，當初就不會離開妳了。

「當一個男人真心愛妳該會是什麼樣表現？」

如果真心愛妳的樣子是要用「表現」妳才看得到，那他就是裝的。

「我男友連吃早餐 100 多塊也要平分，若是結婚是不是更會計較？」

妳還有想到結婚，他的小氣是不是妳其實也沒這麼計較？

「我跟我男友什麼都好，但為什麼他就是不娶我？」

什麼都好，就是不娶妳，這樣好在哪裡？

「相處不錯的約會對象在我拒絕發生關係之後就冷淡了，
這段感情還要繼續嗎？」

不給上就拉倒的男人，這段感情還要繼續嗎？

「我男友説他跟曖昧對象只有聊天沒有約出去，我該相
信他嗎？」

眼前有水跟牛排，有多少隻狗在肚子餓的時候只喝完水
就走的？

「我男友大我 19 歲，他常常説跟我在一起「他很累」是
什麼意思？」

各種很累。

「每次吵架我男友都不讓我，然後就誰也不讓誰一直吵
怎麼辦？」

不讓妳，就可以趁著吵架罵妳發洩一下；讓妳，就只能
暗幹在心裡。

「如果一個男生知道一個女生喜歡他，但是男生真的只把她當朋友，他會怎麼做？」

正直的男生會選擇疏遠，因為妳就沒有只想當朋友啊！

「相親了一個以結婚為前提的遠距離對象，一個半月後以工作忙碌為由說想做回朋友是什麼意思？」

所以，敗給工作妳輸不起？

「很好的哥們說要跟我一起住省房租，我說我們不是男女朋友而且我睡覺都不穿衣服，他說他才不會對我怎樣，我該相信他嗎？」

這下打死他都要去妳那邊住了。

「告白的對象要我自己感覺我們的關係，我感覺到的是超過朋友，卻沒到女友，那我們到底是什麼？」

這不是 S.H.E. 的歌嗎？

「怎麼跟父母說我男友年紀大我很多？」

媽，妳看這篇爺孫戀的新聞啦⋯⋯

「男生會因為 0 次交往經驗而感到丟臉嗎？」

女生會因為 100 次交往經驗而感到驕傲嗎？

「請問男人／男友／老公，去色情指壓，我跟他說了不希望他去，他還是一直去是為什麼？」

這樣妳就知道妳跟色情指壓在妳男人／男友／老公心目中哪個比較重要了吧？

「初夜留到結婚那天才發現配合不了話，會不會很嚴重啊？」

很多婚前配合超好的到最後也沒有結婚啊。

壞女生　症候群

別總說男生都欺負女生
有時候真正不放過女生男生的，是女生
妳也曾經是為難女生男生的女生嗎？

我一直很喜歡一個學長，我對他很好，有什麼事陪在他身邊一起度過，他有女友了我安靜站旁邊，心情不好我會陪著他，但他對我似乎沒有感覺，一直跟我保持著微妙距離，說我是他的妹妹。我很迷惘，我要繼續等待下去嗎？還是慢慢放下這份埋在心底的感情？

這樣就不乾淨了啊，你並不是只想當妹妹啊！你們女生不是最討厭男生身邊這種喜歡自己男友的「妹妹」嗎？

「乾妹妹」

男生沒有女友的時候，

為什麼妳可以占盡一切女友的權利，但只能當乾妹妹？

算了吧！妳只是他比較喜歡的約會對象之一而已。

男生有女友的時候，

為什麼他還是會幫妳洗狗、搬家、修電腦？

面對吧！

妳已經變成女友候補一號候補二號候補三號了。

我是我上司的小三，我們很常相處，在一起快五個月了，他
結婚有 15 年。

妳要問妳的刑責是嗎？

02

「小三」

儘管很多國家對於通姦都已經除罪化，

但是很抱歉的，

在台灣，通姦或是和誘罪仍然是有刑責的，

也就是說，不論愛得多轟烈、多辛苦、

多全世界對你們不了解，

這些話，可以留著跟法官說。

把自己照片拿出來跟他老婆比一下，

然後問問他結婚幾年了？

妳就知道小四大概多久之後會出現了。

我有一個男生朋友，我們交情很好、個性也很合，他有女朋友，是遠距離不常見面，我也有男朋友。但後來我男友開始不高興我跟他太好，也覺得那個男生朋友太黏，我們常常為了這件事吵架，後來就分手了。

我難過的時候，那個男生朋友會陪著我，但沒有以前這麼黏，他很專情，每天都在跟他女朋友傳訊息，但，我慢慢發現，我好像有點離不開他了，怎麼辦？

「擁有李大仁」

戲裡癡情深情完全不求回報的樣子真是令人揪心，
如果身邊可以擁有一個這樣無悔付出的男人，
就算不是男友也很棒是吧？
但是很抱歉，不管是妳單身他單身，妳單身他有女友，
妳有男友他單身，或是各有男女友，
都不應該自私的去佔據瓜分別人的溫柔浪漫與體貼，
即便他是自願的，
因為那份感情不屬於妳，拿了，就欠了。
感謝偶像劇給了我們一個美化的角色
來合理男友最討厭的纏人精，
醒醒，請看看身邊的李大仁長得像不像陳柏霖，
陳柏霖下了戲也不會做妳的李大仁的。

我和我男友是一段不倫戀，我們在一起快 8 年了！

這段時間歷經了他有了第 2 個小孩，也討論過等他小孩大了，

我們就可以在一起，

直到今天我才知道，他們又要有第 3 個小孩了。

他跟我在一起對我很好，

也說他跟元配只是因為小孩，沒性行為，

我說服自己相信這些鬼話，但我又很捨不得，

我該怎麼脫離這段可悲的感情？

⓸

「等待離婚」

當他第一次跟妳說出「我跟我老婆感情不好」，

妳就應該離他遠一點，而不是用自己的胸口安慰他，

母性請用在小動物跟孩子身上。

利用自己身邊女人的不幸福感，

來博取另外一個女人的情感，

這種男人不值得妳的慈悲，可憐的是他老婆。

怎麼分辨他只是想吐苦水還是下面想吐口水？

簡單，妳給他安慰胸懷，

但是他的手卻抓著妳的胸部的時候，

妳就知道他缺的是妳的母性還是母奶了。

為什麼我會一直劈腿？這問題困擾我很久了，

或許你會覺得我可以拒絕不要再重複發生，

我也一次次的叮嚀我自己，卻還是依樣。

跟前男友在一起時我劈腿三次，

他每次發現都原諒我，留我下來。

現在我們已經分開，各自有新的發展，

但過去的自己讓我害怕會傷害現任男友。

其實，我幾乎每一任男友我都發生劈腿的事情，慣性劈腿？

我想終止這樣的事情發生啊！

05

「八爪女」

妳其實也沒有特別壞，

不過就是沒有辦法接受別人不喜歡妳，

對愛情的忠貞比較薄弱而已。

女生的慣性劈腿通常比男生精密很多，

男生劈腿很容易被發現，因為男生手法拙劣的令人想笑，

但是女生可以像是章魚般一手抓一個，都不放過，

只是，如果妳沒有辦法讓自己的身體只為一個男人負責，

那麼就大方承認自己是必娶女人，玩個痛快吧？

我和前男友已分手多年，
我一直單身，而他有穩定交往多年的對象，
這陣子我們重新聯絡，昨晚也發生關係了，
想問現在我到底該怎麼做？

06

「前男友騎士」

沒辦法，雖然大家都分手這麼多年了，

也各自有了新的生活與感情對象，

但是身體總是只聽一個人的，

像是情慾的鎖碰上對的鑰匙，

總是想不顧一切的偶爾解開放浪的自己，

除了不覺得愧疚，還覺得理所當然。

別把熟悉的情誼變調成情慾，

把自己的身分從前女友變成砲友，何必？

以上身分皆依據實際案例衍生而來

如有雷同純屬自找麻煩。

後言

大家都看過電影吧？

每次看電影前都只能憑一分鐘的預告片，或是已經看過的朋友口中聽聽評價。

260 塊一張票雖然不是貴到無法負擔，

但總是希望可以不要踩雷，並且值回票價。

你們的朋友圈裡，一定也有一個這樣的人：

就是每次他說哪部電影好看，結果難看得要死，他說不好看的那部，自己看過了反而很喜歡。

挑電影的品味總是跟你唱反調，下次看電影的時候，只要跟他意見相反，準沒錯。

是的，如果沒有親自試試看，電影好看不好看也真的只能靠預告跟影評了。

談感情，有時候就是這樣，不論眼前這個對象的風評多好多壞，旁邊朋友家人給得意見再多，相處起來合不合這件

事，也真的只有自己知道了。

那麼，戀愛有沒有「影評」這件事？

我想，我的書可以給大家參考參考，我雖然沒有辦法認識每一個愛情事件的男女主角，卻能在數以萬計的真實案例中，統整出「故事大綱」，當你的愛情出現了各種「情節」，翻翻書，看看這些別人已經替你受過的傷，找到自己下決定的勇氣吧？

電影選錯，頂多 260 元，愛情選錯，人生都可能走針。
看了別人選錯的電影，還可以跟朋友靠北兩句，自己選錯的愛情，能賭氣的，只有自己。

祝福每個人的愛情，
簡單，質樸，HAPPY ENDING。

喬志先生

喬志先生愛情處方箋

作　　　　者	－	張兆志
美 術 設 計	－	Rika Su
副　　主　　編	－	楊淑媚
責 任 編 輯	－	朱晏瑭
校　　　　對	－	張兆志、朱晏瑭、楊淑媚
行 銷 企 劃	－	塗幸儀
第 五 編 輯 部 總 監	－	梁芳春
董　　事　　長	－	趙政岷
經 紀 公 司	－	齊石傳播有限公司
出　　版　　者	－	時報文化出版企業股份有限公司

108019 台北市和平西路三段二四〇號七樓

發 行 專 線－（〇二）二三〇六－六八四二

讀者服務專線－〇八〇〇－二三一一七〇五

　　　　　　　（〇二）二三〇四－七一〇三

讀者服務傳真－（〇二）二三〇四－六八五八

郵　　　　撥－一九三四四七二四時報文化出版公司

信　　　　箱－一〇八九九臺北華江橋郵局第九九信箱

時 報 悅 讀 網－http://www.readingtimes.com.tw

電 子 郵 件 信－yoho@readingtimes.com.tw

法 律 顧 問－理律法律事務所　陳長文律師、李念祖律師

印　　　　刷－和楹印刷有限公司

初 版 一 刷－二〇一五年十月十六日

初 版 五 刷－二〇二一年四月十二日

定　　　　價－新台幣二八〇元

喬志先生愛情處方箋 / 張兆志作 .-- 初
版 .-- 臺北市：時報文化, 2015.10
面；　公分
ISBN 978-957-13-6374-5（平裝）

1. 戀愛 2. 兩性關係
544.37　　　　　　　104016069

KLASSE14
CHU

《喬志先生愛情處方箋》

── 抽獎回函 ──

請您完整填寫讀者回函內容，並於 2015/12/01 前 (以郵
戳為憑)，寄回時報文化，即可參加抽獎，有機會獲得
由知名手錶品牌 CHU by Klasse 14 提供，由鳳凰衛視主
持人竹幼婷設計的手錶一隻 (共兩名，市價 299 美金)。

活動辦法：

1. 請剪下本回函，填寫個人資料，並黏封好寄回時報文化 (無
　 需貼郵票)，將抽出 2 名得獎者。

2. 於 2015/12/04 由專人通知得獎者。

3. 若於 2015/12/11 前出版社未能聯絡上得獎者，將再重新抽出
　 下一位遞補者。

-------------------------------- 對摺線 --------------------------------

讀者資料 （請務必完整填寫，以便通知活動得獎以及相關訊息）

姓　　名：　　　　　　　　　　　□先生 □小姐

年　　齡：

職　　業：

聯絡電話： (H)　　　　　　　　　(M)

地　　址：□□□

E - m a i l：

| 🔲 一日＿＿包 | ⬭ 一日＿＿顆 | ⬯ 一日＿＿錠 |

注意事項： 1. 本回函不得影印使用。
　　　　　 2. 本公司保有活動辦法變更之權利。
　　　　　 3. 若有其他疑問，請洽 (02)2306-6600#8215 塗小姐。

喬志先生
愛情處方箋

療情傷，痛得要命，但總是會好

第一次看到喜歡的人，心跳掉一拍那刻開始，我們就走上感情這條路了
25份愛情處方箋，告白、相處、出軌、家暴、空窗、療傷、生離死別…獻給在愛裡和不在愛裡的你們

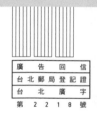
時報文化出版股份有限公司

108019台北市萬華區和平西路三段240號7樓

第五編輯部優活線 收